なりたい人だけが資産家になれる

やれば儲かる不動産の取得と売却方法教えます

岡村恭資
Okamura Yasunori

風詠社

目次◎なりたい人だけが資産家になれる

プロローグ　9

資格の死角　9

資格所有の錯覚　11

I　不動産投資家生活のススメ　13

資産家への道　15

個人資産約1億円以上の日本人は約212万人！　17

年収1千万円以上のあなたへのアドバイス　18

最短五年で資産5億円を形成する方法　27

高額納税者がどうして誕生するのか。　32

まずは5億円の資産形成を目指しましょう。　34

5億あれば100億円も見えてくる理屈　36

納税の重要性　44

いずれの道も業者が選ぶことが出来る。　54
映画「ウルフ・オブ・ウォールストリート」の現実　57
入居する側になりますか、所有する側になりますか。　66
株は禁物、手を出さぬこと　78
株はギャンブル？　80
情報を見極めること　81
信用は自分で作るもの　95
狙いは木造アパート　98
現金で3億、あなたは一生お金で困らない　102
あなたに用意された新しい未来　103
社会にも貢献できる仕事　105
不動産投資のリスクとは？　111

Ⅱ　不動産投資の面白さ ― 実践例 ……… 129

具体的な実務について　131
注意していただきたい事　133
なりたい人だけがなれる　135
資金の準備　142
実践的体験談　148
目標設定の大切さ　163
いかにしてヒントから学ぶか。　193
地名に込められた意味を読み解く　195
建築基準法の矛盾　197
世の中にネタの尽きることはない　201
様々な角度から解決策を探る　203
突然の国税局の訪問　206

人の利益に手を出すな！　210

Ⅲ　選択するのはあなた自身です……215

不動産投資のポイント　217
最後に、抑えておきたいこと　222

本書『なりたい人だけが資産家になれる』第一弾を発行するにあたり、これまでお世話になった方々を是非、ここに掲載させていただきたいと思います。

武富剛様
岸本多可志様
小深田博様
渡辺優一様
吉野浩実様
堂脇善裕様
内野和男様
向井久雄様

プロローグ

資格の死角

あなたは有名な大学の医学部を卒業し、現在、医者です。

実家は、一般的なサラリーマン家庭で医学部への進学は国の補助金、奨学金で何とかしました。優秀な頭脳のあなたは、国家試験も一発合格で医師免許を得て、医者をしています。

ここでお気づきになったと思いますが、このままでは、医者止まり。いま以上の富裕層への仲間入りを欲するのであれば、あなたの妻となる人が裕福で、自分の結婚相手にそのような飾りを求めている相手が必要でしょう。

自分の力だけで、いま以上の地位を掴むことは困難と言えましょう。

そのような相手に巡り合えれば幸運ですが、残念ながら離婚という事態にでもなれば、また一介の医者に逆戻り。万が一、医療ミスでも仕出かそうものなら、医師免許剥奪ということになり、それまでの苦労は水の泡です。

つまり、何が言いたいかというと「資格」というものが、あなたの富裕層への挑戦を阻害する最大の条件になりかねないと言うことです。

むしろ、何もない方が参入しやすいということです。まあ運転免許くらいは生活を楽しむためにあっても良いでしょう。

代表例として医師免許を挙げましたが、他の資格でも同じです。資格によって生活を制限しているのはあなた自身なのです。

そうではありませんか?

先日調査に来られた税務官は嘱託で30年以上の長きにわたって日本国民のために徴税されてきた方です。自動的に税理士資格が取れます。

この方が何故、税理士にならないか。

資格があれば自動的に有利な営業が出来るとは限らないという現実があるからです。

資格ならパイロット、医師免許のほうに分があります。

厚労省が実施している「医療経済実態調査」によると、民間病院(医療法人の経営)の勤務医の平均年収は、約1千544万円(平成二十六年度)とされています。一方、サラリーマン全体の平均年収が約415万円との調査があり、比較すると、その差は歴然です。

国家試験に合格し、医師免許を取得すると、その後の二年間は、いわゆる「研修医」という名の見習い期間になります。以前は、無給に近い状態でしたが、制度の変更に伴い、現在では研修医といえども期間中は300万円～400万円程度の年収が得られるとのことです。それでも、ほぼサラリーマンの平均年収と同等でしかありません。

資格所有の錯覚

資格を持っているだけで生活できると勘違いして、資格を取るために努力されている方がいますが現実は違うのです。

資格が生活を支えるという考え方が、既に間違いというのであれば、私の話に耳を傾けても良いのでは？

岡村　恭資

Ⅰ　不動産投資家生活のススメ

資産家への道

世の中には、高給を得られる職業が多々あります。

医師、弁護士、公務員などが思い浮かびます。それらの職に就くには難関を突破しなくてはなりませんから、努力するのは当然です。しかし、最も必要なのは「なりたいと欲する強い意志」ではないでしょうか。

例えば、あなたの現在の年収が2千万円あったとします。しかし、年収2千万円程度で満足してしまうと、とんでもない人生になってしまうかもしれません。

統計によると、安定した老後をおくるためには、約3千万円が必要と言われていますから2千万円などあっという間になくなってしまうわけです。

もし、あなたが富裕層と称される階層に属しているとしたら、とても幸運と言えます。しかし、その幸運が過去何代にもわたって残してくれた財産のおかげだとしたら、あなたの代で富裕層を名乗るのは少々おこがましいと言えるでしょう。

あなたも先代達が築いてくれた資産にあぐらをかかず、子孫のために努力を重ねていけば、あなたのことを孫以降の見知らぬ子孫たちも尊敬してくれることでしょう。しかし、私の曽祖父は、嘉永四年（一八五一）の生まれで亦四郎といいますが、曽祖父のことは記憶にありません。哀しいかな現在のあなたの存在は、その程度の記憶でしかありません。

100億円の財産を築き、五代も存続すれば立派な功績といえます。大半の法人（企業）は三十年間存続できません。つまり、一代で倒産か閉鎖しているということです。簡単に富裕層という言葉を口にしますが、ほぼ達成不可能ともいえる財産を残さなければ富裕層にはなれないわけです。実体を伴わない胡散臭い虚業で金儲けをする一発屋のなり上りを富裕層扱いするのは誤りです。

年収2千万円のあなたが、資産5億円を目指すとなると、さすがに強い動機付けが必要となるでしょう。それは、「資産家になりたいと欲する強い意志」なのです。

この本を手に取ったあなたは、この瞬間から〝富裕層〟への第一歩を踏み出したことになります。

この本には私の経験のすべてを詰め込みました。リスクが極端に小さく、富裕層への近道となる「不動産投資家」になって、夢を実現させようではありませんか。

個人資産約1億円以上の日本人は約212万人！

ごく普通の家庭で育ち、ごく普通の大学を卒業し、ごく普通の企業に就職し、自分を典型的な中間層と考えているあなた！

この本を手に取った瞬間から、夢の富裕層、夢の資産家への道が開かれたのです。

某シンクタンクによると、「富裕層」という言葉の定義は、世帯年収が3千万円以上、保有する金融資産（不動産を除く）が1億円以上を所有する人々のことと言われています。

老後のために必要とされるお金は約3千万円（ご夫婦の場合）と言われていますから、豊かな老後を迎えたいならば「富裕層」を目指さなければなりません。

親が子供に望む職業は「公務員」や「医師」が圧倒的に多いそうです。いずれも高給を得られる職業です。親としては、自分の子供が経済的な安定の下に人生を歩んでほしいと考えるのは当然と言えるでしょう。

但し、「公務員」や「医師」は、望めば誰でもが就ける職業ではありません。「公務員になりたい」「医師になりたい」と欲し、努力しなければ到達できないのです。

子供には子供の意志があります。彼らが望むならともかく、富裕層でなくとも、中間層で十分と考える子供たちもいるでしょう。

しかし、蓄財の努力をせず、現在の平凡な生活の積み重ねの末路が「老後破産」だとしたら……、富裕層を望まないとしても、せめて老後の蓄えをとやる気が出てくるのではないでしょうか。

「公務員」や「医師」と同じように、なりたいと欲する人だけが「資産家・富裕層」になれるのです。さあ、今日から始めましょう。

年収1千万円以上のあなたへのアドバイス

ごく普通の職に就いている方が3千万円という大金を蓄えられると想像できるでしょうか。そこで、比較的リスクの低い不動産投資なら、効率よく資産を形成し、運用できます。

不動産投資とは、利益を得ることを目的として不動産に投資することです。

例えば、アパートやマンションなどを購入して、入居者から家賃収入を得たり、購入した物件の価値が上がったときに売却し、その差額で利益（売却益）を得ることです。

不動産投資家生活をアパート一棟から始めて、数年後にはＳＰＣ（Special Purpose Company）」という方法（資金調達に使う手段の一つ）を使えば数十億円のプロジェクトが実施されて、その次には銀行を数行参加させての融資実行形式であるシンジケートローン（Syndicated Loan）という方法（「市場型間接金融」と呼ばれる金融形態を代表する資金調達手法）に辿り着きます。

そして、数百億円のビルや商業施設計画にまで進行します。

ここまで来る過程で、都市銀行からみて魅力と思えるほどあなたの信頼度は高くなっているはず。偽者は大声で相手を罵倒し、自分の欺瞞を隠そうと早口でまくしたてるものですが、そこまでたどり着く努力が出来たあなたが身につけた振る舞いは、あなたをさらに魅力的に変えています。よって、信用度はますます高くなります。

決算書も大切ですが事業を成功させるのはあなたの日頃の振る舞いが重要なのです。

決して架空の話であなたを翻弄するわけではないことはご理解いただけるでしょう。

数百億円を動かすということは一般的な投資家の枠を超えますが出来ないことではないのです。ただ、あなたが希望するか、なりたいと欲するかどうかなのです。

一例として、過去には財閥系不動産法人が得意とした（ショッピング等）モールの開発と経営方法をご紹介しましょう。

まず、1万坪の敷地に数千坪の商業施設を作ります。それだけで毎月数千万円がテナント料として入金されます。

大半は返済に回りますが数百万円はあなたの口座に蓄積されていきます。仕組みとしては、実にシンプルです。

「とても自分には無理……」と思っていれば、一生、変われないでしょう。今の自分の枠を超えなければ成功を手にできないのかもしれません。

自民党が政権を奪還した時期の平均株価はたった8千円台でした。それが、二〇一五年末には1万9千円を越えていました。多くの人が株を購入したから株価が上昇したのですが、そうなれば外国の資金も流入してきます。資金が豊富だと自前で価格操作が出来るということです。

関心がなくても、ニュース等で聞いたことのあるような大物投資家が日本に乗り込んでくるでしょう。

世の中にはマネーゲームで市場を動かしている人がいるのはご存知だと思います。彼らには数百億円という資本があるために、いとも簡単にチャンスを利益につなげています。

投機筋という投資家集団がいまでは自分たちの株価操作に自信を深めていますし、彼らはいとも簡単に利益を確定させます。

一千分の一秒での売り買いを成立させるほどのスペックを持つコンピュータを駆使し、上がり始めれば買い、下がり始めれば売りと自在に利益を自動設定値内で獲得していきます。

素人が、いくら流れを読んでも勝率はたかが知れています。彼ら（投機筋）はコンピュータが勝手に稼いでくれるのですから。

話題になったドイツ証券の仕込みっぷりは素人は食われるだけというものをあらわしているでしょう。株もＦＸも機械の能力勝負です。

大げさではなく、一国をつぶすことも出来ます。小さな国家なら買い取ってしまうことも可能でしょう。

あの時、資金的に余裕のあった情報通は当然、乗って投資資金は倍額になったのです。50億円なら一年で100億円になったということです。さあ、私の言っていることの裏付けとして不足でしょうか。

日経225（日本を代表する企業二百二十五社の株価平均値を加工したもの。日本経済の状態を表す重要な株価指数）でも上がっていますから、裏づけとしては十分ですね。

ここで、相変わらず「見せ玉」や「風説の流布」といった行為によって株価を操作する犯罪がありますので、その手口を紹介しておきます。あなたは、決して巻き込まれないように注意して下さい。

手口は簡単です。しかし、巧妙に事を進めています。

森の中に一本の木を隠すのは簡単ですが、見つかりにくい。額ほどの庭であれば、一本の木を植えれば、すぐに確認できます。しかし、詐欺師たちは騙すことが最初の目的なので森に木を植えたいようです。

株価を操作するには一定のルールがあり、実際に現金を動かさないと手に入らないこともあります。

「見せ玉」は、この森の中で行うので大きな資金が必要です。上場企業なら数十億円の現金を実際に信用取引で所有しておかなければ株価を操作することは出来ません。

信用取引は所有する現金を証券会社などに提示して、それを原資に数倍の取引を架空空間で現実化させるものです。

この仕手筋の操作は波及して次の一手に利用されるということです。

結果をもとに、つまり利益を出したという実績があるとその人のその利益を出した方法や人物自体の話は信憑性を持ちます。

過去に詐欺罪で有罪となった人は刑務所を出所した後、同じような行為について第三者を通して手を変えて、同じことをするわけです。

実際に「見せ玉」は犯罪行為ですが、本人が過去の経過を基に、例えば講習会を開くことは犯罪ではないでしょう。株価に影響がでるとしても、「今回、数十億円をA社株に投資すると思う」と発言しただけでは、まだ犯罪ではありません。

自身に関係のある人物が、その対象となる株をこの講習会やネットなどで一般投資家が知る以前に購入するとインサイダーに近い条件が発生します。

勿論、この講習会を開く人物と値上がり前の株を大量購入する人物に利害関係があることを証明する必要があります。

利害関係があれば「風説の流布」ということになって刑務所に逆戻りということです。

株の投資については、よくお誘いを受けるのですが、税務処理を考慮すると納得がいかないことにもなるので、たとえ何らかの原因で購入したとしても利益確定後には処分しています。

結果的に不動産に勝るものはないでしょう。

先日も、お客様が購入された、ある物件を売却させていただきましたが、半年で3億円ほどの上乗せでした。

法人所有の法人利益ですので、総合課税になって他の利益と合算後に経費などの処理を行い、どれくらいの利益が残るのかわかりませんが、半分の1億5千万円は確実に手残りです。

しかも、まったく犯罪に抵触しません。仕入れて販売しただけですからこれほど健全な商行為はないでしょう。

経費も明確です。残念なことに利益に対して経費の比率が他業種と比べれば少なく、納税額が多大となるのは間違いありませんが……。

さて、話を元に戻しましょう。

私の専門は不動産投資です。

不動産もこの数年で二倍から三倍になってしまったので今は新しいものに手を出してはいけません。

不動産にはしかるべき購入時期というものがあるので、それを見誤ると高価な物件に手を出しても、多少の利益しか生まないでしょう。

19世紀後半のロシア小説を代表する文豪・ドストエフスキーの作品には、亡くなった叔父さんが財産を残してくれたので、生活に困らなくなったなどという夢のような人物が度々登場しますが、実際には宝くじほどの可能性もないのが現実です。

人生は意欲の問題です。富裕層になってみたいと強く欲する人しかなれないでしょう。

あなたの人生ですから右でも左でも選ぶことは自由です。自由が制限される国もありますから、外国の方はうらやましいと思うかもしれませんね。

資産家の相続権利者でないあなたは、大変恵まれた存在だと言えるかもしれません。皮肉ではありません。

資産家は、努力しなくても、生活が保障されています。しかし、何もしなければ財産は縮小、減少し、果ては没落していくことでしょう。能力の有無にかかわらず、税制がそういうシステムになっています。

彼らの人生は、幼児期から大学卒業までそれなりに過ごせば生き残れるシステムです。そして、大学を出る頃には、本人の意思に関係なく、ほぼ人生をゆだねる職業までもが決定しているはずです。結婚相手さえ、親が選んでくれます。

何も自分で選ぶ必要がない人生……これは多くの人が羨ましいと思う人生の最たるものでしょう。本人は、一時的に嫌悪するかもしれませんが、それ以上の人生が存在していないことを理解すれば落ち着くはずです。

打たれ弱いのが彼らの欠点です。何せ、努力を経験せず、人生においてつまずいたことがないのです。

多くの平凡な人生では中学、高校、大学、就職という人生の節目で多大な努力をして挫折と失敗を繰り返し、成功体験を得て、自分の人生を獲得していきます。

この経験の差はトラブルに直面したときに発揮されるということです。

スタートラインは同じでも、大人になる間に失敗と挫折、失恋と成功の繰り返しを経た人生は何ものにも対処可能になります。

一方、親の庇護の下で育つと、これが経験できないので結果的に強烈な個性にひれ伏してしまうということです。

何もないことがあなたの人生を輝かせる。それがこの本の中で証明されるわけです。

最短五年で資産5億円を形成する方法

現金を5億円もつことができれば、資産１００億円には手が届きます。他人に出来てあなたに出来ないわけがないのです。

しかし、目標を1千万円に設定していては、5億円には到達できません。それは準備がまったく違うのだから当然。扱う商品も違ってくるわけです。

いまならビル一棟とか、20万坪の土地での太陽光発電ビジネスとかを扱えば比較的早期に実現できるのと同じです。

繰り返しますが「そんなの自分には無理」と、思わないことがスタートの第一歩です。

但し、あなたの気力を維持するために、強固な理由付けと具体性が必要。毎月50万円の収入が永遠に保障されているのならば無理な努力などする必要はないでしょう。最低限、仕事に求められる熱意を維持し、せっせと老後のための貯蓄をするだけです。

しかし、あなたが、現在、三十歳で、そのような環境ならばサラリーマンで十分生活できるから、無駄な考えはしないほうが身のためです。四十歳ならあと四十年間、生存するための貯蓄を考えましょう。

私は、年金をしっかり納めて国家の安定を図り、できれば年金申請をせずに天寿を全うしたいと思っています。国からの補助（年金）をあてにするようでは起業する意味がないからです。むしろ、自分が日本国を支えるぞ位の気概なのです。国から年金をもらうような性根では富裕層になるのは厳しいかもしれませんよ。

富裕層は毎年、莫大な納税をします。折に触れて納税にも言及しますが日本という国家があって初めて富裕層の存在があります。

日本だけが孤立して優雅な平和国家であると思われている方はいないはずですが、金は天下の回り物ということは常に心していきたいと考えています。

話を戻します。

あなたがあと四十年、生きるとして、いったいいくらかかるでしょうか。

余命四十年間とすれば四百八十カ月×50万円。現在の貨幣価値で想定します。

ざっと2億4千万円です。

この本はそんな目標額を達成するためにはこんな簡単な方法がありますよと解説しています。

年齢が高くなるに従って目標額は下がるのですが方法は同じです。余り金額に違いがないのは生活費という枠の中で計算するのか、夢の中で計算するのかの違いです。

高級外車に乗りたいという夢なら、新車でも1千万円程度ですから普通に希望が叶うでしょう。しかし、高級外車は、本人の生活に必須というものではありません。では、なぜ必要もない外車に乗っているのか？

そうです。納税額が1千万円の法人なら六年間で減価償却するために仕方なく高級外車に乗っているわけです。1千万円の納税額、今なら2千万円の税引き前利益があるという前提ですね。

このクラスの法人なら五年でリースを組むことも与信上可能です。減らす目的は予定申告納税という悪魔に対する備えでもあります。予定申告納税とは、納めた税金のさらに半分を決算前に予め納税する制度のことです。

決算書の中に半年後に納める想定納税額が既に記載されていて実際にそれを納めないと最悪差し押さえもあるでしょう。遅れると違約金利がつくという代物です。

2千万円の税金を納めれば翌年、半年後には県税と合計で約半分の1千万円を税務署から中間納税しなさいという通知が来ます。これは怖いですね。来期の収益など個人投資家にとっては、計算できませんからね。

大手でも為替の変動で円高が進めば黒字が、一転赤字になるニュースは良く聞くでしょう。

ですから、高級外車に乗るということはこのどちらかにあたるわけです。

給与から毎月数十万円のローンを身銭を切って払ってでも乗るか、納税額が大きいので仕方なく節税目的で乗るのか……。目指すところは経費として支払うのが正解ではないでしょうか。

節税以外に個人的に乗るというのは投資家としては想定外でしょう。

10億円のキャッシュがあり、5億円の範囲でしか投資しないのであれば〝あり〟です。

個人のポケットマネーで購入するとすれば、私ならリッター40キロ越えのプリウスやアクアなどをお勧めします。

節税目的であれば４ドアの車なら多少高価でも利益が多く出ていれば税務署も異議を唱えないでしょう。私の会社でも社有車は出来るだけ経費を消費できる大型車にしています。しかし、個人ならプリウス一択でしょう。

あなたの能力に関係なく不動産は勝手に収入を作ります。へとへとのあなただから、これが出来るということです。

あなたの周りにポルシェ９１１やベンツＳＬに乗ってゴルフしかしていないような人はいませんか？

何年もそんな感じで時間を過ごしている人なら、もしかしたら不動産投資家か、何世代にもわたり税金から逃れてきた違法な富裕層なのでしょう。

商売で成功して十年栄華を極めるのは相当に苦労します。仕事の内容が時流に合致したことを含め、なにより本人の能力や気力には限界というものがあるからです。

ですから一時的に成り上がりでお金持ちになっても残念なことに安定感がありません。よくいますよね。テレビで金ならあると自慢していたがいつの間にかホームレスに転落していたとか……。

当然ですが大手の上場企業で生産・製造工場を基盤とする法人は一般的に強いといえます。しかし、突発的な事象によって一気に倒産してしまうことはよくあります。

如何に長く安定して経営を続けられるかは、本業が不況にあっても立ち直らせようと踏ん張っていく期間を支えてくれるものが必要です。それは、収益性を持った不動産の所有です。

当然ですが、本業と関わりないものとしておくべきものです。申告の上で経常収支に影響するのは構いません。

高額納税者がどうして誕生するのか。

あなたが日本で3万5千人のうちの一人になるための簡単な道順を説明していきましょう。

しかも安定して順調に二十年間は存続できることを目指します。あなたは自分には関係ないと思いますか？　自分もなれると思いますか？　資産家の家庭に生まれたらよかったと思いますよね。

『望んだ人だけが得ることができる』ずばり、これが鍵です。実は、この鍵は誰でも簡単に手に入れることができるのにほとんどの人が使い方を知らない。

一代で1億円の資産形成ならサラリーマンの給与でも可能なのです。信じられませんか？

600万円前後の年収を得ている人が、より高い資産形成を考えているのなら、不動産投資をお勧めします。数年で1億円以上に到達できます。このあとは一度物件を動かして1億円の利益を手にするとなります。

気を付けていただきたい実例を示しましょう。但し、決して手を出してはならないのが投資を勧誘するワンルームマンションの購入です。

所有者にとってはメリット無しです。売却側の利益は大きいので、売り手側になるのであればお勧めです。

まずは5億円の資産形成を目指しましょう。

日本人は世界でもそれなりにお金持ちが多い国なのです。

一八七五年以来アメリカ合衆国は世界で第一位の経済を維持してきました。ですからアメリカの資産家は筋金入りです。

日本は、明治以降に工業生産を始めて、財閥と呼ばれる一族・一門の家族的関係のもと閉鎖的に結合した多角的経営体が発生して、なんとか資産家が出てきたのですが、そのほとんどは明治維新での勝ち組でありました。鹿児島県と山口県出身者に高知県出身者を加えた偏った政府がらみの資本形成をしています。

いまでこそ、なんとか極貧の世界を抜け出してはきましたが日本はまだまだでしょう。統計を取ると5億円以上の資産家が3万5千人程度います（日本の人口のうちの3万5千人）。株価が回復したので最近ではもっと増えたはずです。

なぜ成り上がり資産家は存在するのでしょうか。周辺の人物に絞って分析してみましたが、不動産の取得と売却、これを繰り返すことによって十年間で20億円程度の流動資産形成までたどり着いています。

ここからはトントン拍子で資産は増えていきますから、最初にロケットスタートをきっていただきます。

気持ちを切らさないで資産2億円を二年間で作る目標を立てます。特に無理な条件はありません。最初のスタートとあなたの資産形成に対する熱意だけです。

この話は宝くじに当たる方法や馬券購入法とは違いあなたの選択で現実に具現化できる方法を経験に基づいて紹介します。

数十年に一度、つまり人生に二度ほど経済の循環期が巡って来るのです。

この経済の爆発的な成長期に遭遇したとき精神的備えがある人と備えがない人では大きな差がさらに開くというのが現実です。一九八七年からの不動産バブルや安部政権の金融緩和の効果が、その時流ということです。

5億あれば100億円も見えてくる理屈

デイトレード（株式売買）に興味のある方には、この本は毒です。
収入が得られ、時間も自由でストレスなし。自動決済のコンピュータをもってしても
気が抜けない証拠金（FX：外国為替証拠金取引。業者で外貨を取引するときの「担
保」として預けるお金のこと）消失。

「そんなうまい話がある？」と思われても当然。人は勤め人（サラリーマン）とそれ以
外に、ほぼ大別できます。雇用されて過ごすか、自営で過ごすか。他に相続金で一生困
らない人もいるでしょうが、多くはないのでサラリーマンとそれ以外でよいと思います。

サラリーマンで二十代なら必見。三十代なら、まだ住宅購入前のあなたに。住宅購入
はこの本を見た後でじっくり考えて、もっと納得のいく理想の住宅を手に入れてくださ
い。四十代なら余剰資金500万円以上ある方にお勧めします。

余剰資金はひとまず、当面使っても問題ない範囲の資金です。

不動産投資の対象を中古アパートに絞る理由は今後、理解していただけると思います

が新築では入居者がいないので購入してすぐに家賃等の回収が始まらないということが第一の理由です。相続税対策なら負債だけが優先されますからアリです。

新築時には入居者がなく、需要がどれだけあるかも判断できない。つまり、返済金さえ工面できないレベルであるということです。

誰しも購入するという行為は投資をするということですからリスク無しに利益を確定していくのがはっきりする入居者のいる中古が最高ということです。

私は今から四十五年前、二十歳のとき初めてヨーロッパを訪れましたが、特に印象的だったのはパリのホテルの古めかしさでした。

当時の話で恐縮ですが、手動式のエレベーターや温水の出ないシャワーに驚いたことがあります。市の条例によってこれらは新しくしてはいけないと聞きました。

当時の日本はアメリカ的な発想で古いものは破壊して、新しく建てるという一種の病気が発症したばかりでした。

建築基準法も年々改正されて、いまでは木造建築でも強固で安全性も増しています。しかも、木造建築の寿命は鉄など及ばないほど優秀です。破壊したら二度と元に戻りません。木造建築物の保存を目的とした条例の制定が早急に必要ではないでしょうか。木造アパートは古くなっても修復していけば、さらに何十年も持ちこたえるということを知っていただくことも必要です。

（不動産投資の）目的は収益です。新築すれば当然、価格も手間も掛かるので収益性が下がります。倒壊するほどに危険な状態でも構造物を加えて補強すれば安価に新築同様の収益物が手に入ります。

新築はしっかりした構造ですが収益性から行くと劣るのは仕方ありません。

取得する目的は利回り優先ということを忘れてはいけません。利益を生まない不動産を購入しても目的は達成できず本末転倒です。不動産投資で失敗ということにもなります。

今、日本に外国人がどれほどいるのか見当もつきませんが（住人の三割が外国人などという時代）、やがてその日が来ることも来ていることも身近に感じています。

二〇二〇年の東京オリンピックや観光立国を目指す、日本では「民泊」も制度化されようとしています。住むところは誰にでも必要です。

彼らは、日本家屋の雰囲気を残したレトロチックなアパートをわざわざ選択するところまで来ているというタイミングに合わせるべきでしょう。ビジネスチャンスと言えます。

今後、増えるか減るかという可能性の前に日本には〝日本人だけが居住しているわけではない〟というのが現実です。

少なくとも私が知る限りでは、不動産投資をしている方で「人生をダメにした、時間を無駄にした」という話は聞きません。

バブル崩壊時、日本は大不況に陥りました。お金が回っている現在は、ご存知のように「金融緩和状態」といいますが、資金が潤沢に市場へ投入されていますから誰も文句を言いません。一部大企業ではありますが給与も上がりましたね。

あの当時、不動産業者が政府の政策によって潰されましたが、あれは急激な不動産価格の上昇に国民が「自分の自宅が購入できない」と不満を述べたことに始まったわけです。皮肉な結果ですが、自分の家を購入できなくしてしまったのは自分自身ということになります。あの時、「不動産への融資を止めてくれ」と言ったのですから……。

時の内閣の囁きで過剰な融資を銀行が行ったということです。次に大蔵省から怒られて、銀行は相手の状況など一切関係なく、貸していたお金をどんどん回収しました。いわゆる「貸しはがし」というものです。

想定内の返済であれば余裕がありますが、予定外の返済で「すぐに全額返せ」と言われたら法人で生き残れるところはなかなかないでしょう。倒産せずに済んだであろう企業がこの失策によって財産を奪われました。政府には二度とこのような失策をしてほしくはありません。しかし、あのバブル崩壊を招いたあの一言を皆様が口にすれば、再び不況が来るかもしれません。

不動産も一部を除いて安定しています。あの頃の失策を恥じて当然ですから。不況になると不動産投資家にとって《最高の仕入れ時機》到来となります。

但し、一般の国民の皆様はリストラに企業倒産の嵐の中で息絶え絶えになるのが金融引き締めという政策です。皆様もこの締め具合を味わうよりは緩和の勢いを味わう方がどれほど暮らしやすいか理解していただいていると思います。

皆が豊かな時期に社会問題は全くありません。不況は人を苦しめるので社会的な問題があふれます。

しかし、私が勧める中古アパートはやがて大変需要の高い物件に変身するはずです。建築業に就く労働者のうち、大工さんや配管業者さんはそこそこ給与も高く仕事も多く将来性もあるのですが、敷地を整地して鉄筋を組み込んでコンクリート打設をする建物の基礎を造る基礎屋さんが不足しています。

今の基礎業者の平均年齢は六十歳を超えていますので十年後には基礎工事は分離発注ということにはならず、おそらく一つの工務店が全部を受け持ち担当者制になっていくしかなく、職種消滅の危機にあります。

これが現状ですから、新築のアパートは工事費が高騰していくしかありません。それでも基礎労働人口の減少は絶対数という部分で足りないということです。新築で建てることがいかに高額物件となるか想像できます。

つまり、新築では利回りが出ないということになり、ますます中古アパートが注目されます。それは新築価格に引きずられて今、購入した価格にはプレミアがつく可能性も予想できるのです。ここから見えてくることは、中古アパートをどんどん購入してリフォームしつつ経営していけば、今後も競合現象は起こりうるので希少な上昇業種になる、ということです。

現場は六十代の人たちが何とか踏ん張っていますが、このままでは技術者がその技を伝承できないということは明白です。

社会問題をこのアパート経営に取り入れるのは決して場違いな話ではありません。世界市場を操作する人たちがいるという事実がこの不動産の価値を高めるのです。

株価の操作は最早、コンピュータが支配しているのは周知の事実です。必ず利益を出すように設定していますから利益の行く先はさらに利益を生むところとなるのです。

過去にはこれほど明確ではなかった経済の先行きは、現在において利益を生むという目的達成の手法でしかありません。

この論法を進めていくと不動産の中でも都市部の土地の上昇、マンションの上昇はあっても以前のように下がることは考えにくいという結論に至ります。

売却は最後の手段ですが、購入は最初で最後の利益獲得の手段になりつつあります。最早、欲しくとも手に入らず、手に入れた人はよほどのことがない限り、売却しません。

以前はファンド系が数年毎に利益を確定させる目的で所有不動産を処分することがありましたが取得が難しくなると売却をためらい始めています。

取得が困難な時代が来たということです。これに気づいた人はほとんどいませんが将来的にも高止まりの価格は都市部では下がる可能性はないでしょう。

あふれる利益が行く先を求めて八方に走っているのが現状です。1億円が倍になる速度は信じられないほどスピードアップしています。なぜなら、機関投資家の投資マネーがマイナスを示さなくなったからです。

勿論、思考しないマネーはその犠牲者ですが、世界を操作しているマネーは負けることを知りません。なぜなら、コンピュータは指示したことしかしないからです。

こうして生み出される利益は先ほどの更なる投資先を求めて世界を駆け巡ります。あなたが木造アパートを手に入れるということはこのラインに乗るということなのです。手に入れることこそ最初の利益なのですが残念なことにこれをうまくこなせるかどうかは所有者をどのように説得して売却させるかにかかっているのです。

お分かりと思いますが取得こそ、この投資上の勝者という単純明快な答えが出てしまいました。

納税の重要性

いつの時も「不動産投資家になりましょう」と誘ってくれる人はいません。法人化しても従業員を雇用する必要はありませんが、あなた一人であっても、法人化は欠かせません。

経費を使わないで収入の半分を納税することで現金の蓄積が早まります。経費を使っているうちはサラリーマンの感覚でしかないのです。二十年間の富裕層生活が目標なら、正当に積極的に納税します。納税しなければ余剰金は残らないと気づくのが一人法人の極意です。

節税のために車を買うなど素人のとんでもない誤解です。筋金入りの富裕層は仕方がないので高級車を購入しますが、それは余剰金の処理方法としてです。数億円しか所持していない間はそんな贅沢は禁物です。ここが理解できない間はただの一過性の小金持ちです。

納税を目標にしなさいというのがもっとも早い資産形成の道です。

ここまで、散々、納税を強調していますが、実は不動産投資家とは経費を不動産購入に使える業種で、税法上も一般の企業とは違い仕掛け品名目でどんどん購入しても税務署から異論を唱えられません。不動産投資家が不動産を仕入れても、それは当然の商行為なのです。つまり経費扱いです。

お分かりでしょうが納税するかわりに、さらに利益につながる仕入れに使う一般業種と同じ手法がここでも使えるのです。

よく棚卸資産といって倉庫の隅に時代遅れの品物が資産計上するために残っていることがありますが、不動産なら価値がなくなることはほぼありません。よほど仕入れ条件が間違っていない限り、ほぼ現金化に困りません。

購入した条件とは市場価格より安いか、経年をもって利益を生むか、希少価値のあるものでみんなが欲しがる物件などです。これを満たさないで購入すれば、これこそ倉庫の隅に寝ている売れ残り品と同じです。

話を戻すと、納税予定の利益で不動産を購入するのは本業が不動産投資家、不動産販売業などです。つまり、この関連なら納税用の利益すべてを使っても理論上、課税されません。しかし、売却までには様々な経費もあるので現金を残さないわけにはいきません。年間想定経費はここで計算します。納税分も考慮し倍額の現金が口座にあるのが一般的です。こうして売却を繰り返せば、最終的には目標額に到達するということが理解いただけるはずです。

不動産の所有者になるということは登記簿上の権利が発生し、どこの誰がなんと言っても本人以外が権利を動かすことは出来ません。自分の口座に売却した代金が振り込まれて初めて所有権移動の書類を渡します。

私は三十年にわたり、不動産仲介を生業にしてきました。不動産を購入するのではなく売主さんと買主さんの仲を取り持つのです。仲介料という手数料をいただくのですが、中には手数料を満額支払わない人もいます。実際に現金が目の前にあると急に惜しくなるのでしょう。

しかし、不動産を動かしたのは仲介者であり手数料について減額を求められるものではありません。

不動産は購入者がいない場合はただの土や箱でしかありません。仲介者というのはその物件に法的な理由を設定し説明して、次に価値をつけていく行為です。

さて、開業から五期過ぎると税務署から税務調査が絶対にあります。赤字の連続ならいざ知らず、黒字更新で潤沢に企業のキャッシュフローもそれなりになってくると税務署も、黒字企業として認識します。

税務対策に何がいいかという質問をよく聞きますし、個人的にもいろいろ試していますが、はっきりいえるのは、納税額だけしかキャッシュは貯まらないということです。つまり、事業を継続させるためには、税務署の目に留まることはありません。出来ません。

事業を三十年継続させられれば、あなたの業績は誇れるものとなります。

個人的には十年を一区切りにして、次のステップへ切り替えるのがベストだと思っています。十年というと法人では、代表取締役でも退職しても退職金がしっかりもらえるという時期です。例えば、代表取締役であるあなたは毎月の報酬が１００万円でも丸々所得にはならないばかりか、諸税、保険料などが１００万円のうち半分を占めるようになります。年収でいえば二〇一五年現在、４０００万円を境に5パーセントも実質手取りが違いますが、それ以上はほとんど変化がありません。

4000万円の年収では税額は所得税で1600万円です。これが、4000万円以上、例えば4100万円なら1845万円の税額で所得が多いのに手取りが少なくなる結果になります。何か見落としがあるのでしょうか。

年収をあげると何がメリットかというと退職金に価格所得税額が通常の税率とは違い、極端に優遇されるのです。最後の御褒美という意味もあるのでしょう。その税額はたった15%です。

ここで問題になるのはいくらもらえるのかですね。

法人に溜め込んだキャッシュの総額を全て退職金には出来ません。法人を売却するときに税金が掛かるという仕組みの中で、功労者である代表者が可能な限り多くの退職金を取得する合法的な方法は?

それは十年間で積み上げてきたものですから、十年かけて毎年の所得を上げていき倍率を納得のいく範囲で抑えるしかありません。

税務署が、概ね認める条件は以下のようになります。

（1）最終月額報酬が基準。

（2）役員としての在任期間。

（3）功績がどうであったか、代表者なら三倍程度。

この条件以内であれば税務署にあれこれと言われないとされています。

この税務署が認める条件の中で、法人の不要なキャッシュを退職金にするには最終月額報酬を上げるということになります。

但し、これも前年度に比べて極端に上昇幅があれば指摘を受けるでしょう。要は完全無欠の退職金でなければならないのです。

毎年、ご存知のごとく法人の役員給与は決算後、一定額に決定してそれを通期で固定化させて、初めて報酬と換算されるもので儲かった月に勝手に多くもらうことは出来ません。これが出来ていた時代はいくらでも上下が利くので経営が楽でした。先の見えない将来を固定化されると如何に不都合になるか経営者でない官僚には理解できないのでしょう。

経営者は今、儲けがないときも固定給を払い続けるというとんでもないことを続けているわけです。為替ひとつで利益が変わる時代に固定して徴収されるものは多くを設定できないということです。しかしながら、不動産経営だけは毎月家賃を税金並みに固定化させて収入としている数少ない事業です。

この中で退職金を決めるわけですが1億円ほどキャッシュがあって事業は継続していくという場合と閉鎖してしまう場合は方法が違ってきます。

つまり、所有不動産をすべて売却して得た資金を退職金に当てるのであれば数億円にもなるはずです。

1億円の退職金となれば最終月額は３００万円を超える程度で設定します。

前年度の給与月額２５０万円くらいは比率からいって必要でしょう。突然、１００万円を２５０万円にしても税務署は認めないでしょう。あくまでも妥当な上昇比率で十年間上げてくる必要があります。

３３０万円×在任期間十年×３＝９９００万円×85パーセント＝８４１５万円が、税引き後の所得となります。

前述の不動産をすべて処分する場合は、その十倍と計算すればよいのですが、月額給与の報酬額は前年でも２５００万円は必要です。通年ですから欠損は認められません。10億円の退職金を手にするにはこの方法しかありませんね。法人の税率なら半分ですから15パーセントの退職金＝経費としての転化は最後のご褒美といえるでしょう。十年間納税してきたあなたには当然の報酬です。それでも8億５０００万円です。

しかし、これを投資するのは止めたほうがよいでしょう。何のために法人を閉鎖したのか価値がなくなるということです。十年間も黒字を続けた法人を閉鎖する意味は大きいのです。銀行からすれば、お得意様のはずです。しかも信用調査では常に高得点。それを捨ててしまうのですから。

その一方、「中小企業経営承継円滑化法」の成立があります。個人で不動産を増やすことは相続においても第三者の手を借りることになりますが、法人化した同じものは相続する時点でいろいろなメリットが発生しています。

ここで法人とした効果を実証します。この法律が出来る前は、法人の代表者が突然死亡する事態が起きた場合、相続人は時価で評価される株式の処理に当惑していました。中小企業の出発時点では、ほとんどが一株5万円の株式を60株、資本金300万円程度で始めています。

当然代表者である一人株主のため時価評価となれば、相続人に相続税を支払う能力は現在のところありません。資本金が大きいと安定しているというのは間違いですので、ご注意ください。

さらに相続人は法定で、妻と子供二人と仮定すれば半分と各四分の一の相続です。

子供たちが会社務めであれば、半分相続した妻がこの法人を続ける意志があれば継続ということになりますが、仮に資産が10億円でほとんどが製造設備ということになれば、現金ではないので設備解体の上、相続税を払うべき部分については売却して払うということになります。

これでは法人を相続することは困難です。税務署も相続が起きるたびに、国内の優良な法人を潰していくということを避けられません。

話がとてもおかしいのです。

本末転倒です。納税できる法人のみが、代表者死亡以降の納税はできないようになるということです。どんなに頑張って財産を築き上げても三代で相続倒れになるという日本の相続制度の欠点です。ですが我々の努力は「中小企業経営承継円滑化法」という法律が成立し、法人であれば機能を失う心配をせずに相続し、事業を続けることが可能になりました。具体的な条文は問題ではありません。

努力して築いた法人資産が代表者兼株主死亡で、この世から消えろといわれた悪法が完全とはいえませんが、改善されたことで安心して業績を上げ、資産を増やしていけるということです。

話を戻しましょう。

仕事において業績の良し悪しはどこから来るかと言えば、本人がその仕事を成し遂げることに対して意思をもっているかどうかだけなのです。

営業会社に在籍すれば毎日の目標値を朝から叫ぶ。しかし、本人にその意思がなければ実行されることはありません。結果が出ないのは意志がないからに他ならないのです。

私は毎日結果を出すような細かい仕事が嫌いなのでスパンを月間と年間で設定しています。法人の代表者であるので一年間の経営における十二カ月を一期として自分の規模に合うような生き方を選択しているわけです。当然目標値があるので期首には出来るだけ一年間の売り上げが達成できる下地を作ることにしています。

不動産業というものの特性になりますが、毎日少額の売り上げを積み重ねる方法と生活費程度の目標を年間で売り上げる方法とを我々個人業者は勝手に選択できるわけです。

賃貸紹介作業については毎日何件かの顧客を紹介して仲介料が得られます。この業種はうまく行けば一日ひとりのお客様に出会えば十分生活が出来るはずです。

アパートの家賃は、地方なら月額2万円位になりますが、生活費も連動するので十分でしょう。ところが地方では毎日お客様が貸家を求めている確率が少ないのです。都会は両方が豊富ですが、今度は競合する業者が多くなり、多数のお客様が物件を探していても、その会社に訪ねてくることは稀となります。

つまり、法人代表者の意志によっていずれの道も選択できるわけです。多くの不動産業者が選ぶのは独自に仲介物件を探し、それを既存客に売却して仲介料を得るという方法です。

まったく努力せずに他社が見つけた物件を横取りする不届き者がいるのも事実であり、法的な整備がない中では永遠にトラブルを招くことになります。

いずれの道も業者が選ぶことが出来る。

ここからは一不動産業者から売買を自ら行うデベロッパーへと変身することも次第に可能となります。

木造二階建の住宅であれば建築基準法の縛りも厳しくありませんし、独自のメリットをお客様に訴えて注文を取る工務店は多数あります。

如何に多くの広告を打つことが出来るかが売り上げを左右します。通年を通して一定の媒体に広告を出すことができれば、一流企業の仲間入りは容易です。月に一度くらいで年間十二回で十分でしょう。テレビＣＭなら十五秒で問題ありません。

但し、初期の半年は月間二十本くらいを集中させます。その後は、月一回程度でも「いっぱい広告をしている」という印象を与える事が出来るわけです。

特に新聞なら帯広告で年間契約しておけば名前（社名）は覚えてくれます。売買であれば新聞を読む年齢層が該当するし、賃貸ならインターネット広告の集客効果が高く、両方狙うのであればテレビの訴求力が強いことを覚えておいていただきたい。

木造住宅の売り上げ利益二軒分程度を毎年広告に使えればすぐにメジャー昇格。但し、お客様との交渉がうまくいかなければ評判を落とすことも簡単です。気を抜けば市場経済から抹殺される厳しさがあることは忘れてはいけません。

ゆるゆるの仲介専門業者の場合は生活費が足らなくても数日待てばお客様が来て自分のアパートでもないものに入居してくれて仲介料を支払ってくれるわけですから、リスクはほとんどありません。

預かる専任物件、管理物件がいかに多いかで生活にゆとりが出るかでないかという単純な計算が成り立ちます。

ここでもそのアパートを所有しているオーナーであれば不動産業者が日参して管理会社になれるように申し込みます。

オーナー業は安定しますが、建物を一定のレベルに保つ必要があります。レトロなどという敬称で売れば成功するのでしょうが、大概の不動産業者はオーナーに提案する勇気を持てません。それは、入居者のすべてが現代風の居住スペースを希望するわけではないという理由もありますが、既存の考えに流されているのも事実でしょう。

今後はこのレトロな居住スペースという広告が効果的な物件に特化できる業者も出てくるはずです。「昭和は良かった」という懐古傾向にスポットライトが当たるはず。

レオナルド・ディカプリオが主演した映画「ウルフ・オブ・ウォールストリート」は、まさに現実を描いています。一攫千金を夢見るトレーダーが巧みな話術と商法でのし上がっていくのですが……その結末は如何にという、実在の株式ブローカーをモデルに成功と破滅を描いた作品です。

私はそんな世界に属していたことがあります。ですから、あれを映画と思ってはいけません。現実をよく描いています。まるでマンガみたいな企業がいつの時代にも存在するのです。私は物書きですが、不動産投資家でもあります。この本を書こうと思ったのは世の中には、「お金がないという人」や「何を始めたらいいかわからない」など、なにをするべきかが《思いつかない人》が多いからです。

映画「ウルフ・オブ・ウォールストリート」の現実

私は自分の「ウルフ・オブ・ウォールストリート」の経験から、不動産投資家という業種は人に迷惑をかけず、資産をつくり、増やそうとすれば裕福にもなれることを自信を持ってお勧めしたいのです。

住宅を作れば、だれかがそこに住みつくことになります。その町はやがて人があふれて、活気が出ます。箱モノはダメだといって公共設備に税金を使わない時代がありましたが、日本中に資金が回らなくなると人の動きも止まります。

資金が十分行き渡れば、住宅を購入し、子供も増えます。経済活動が活発になれば国の税収も増えます。周辺の商店街も活気づきます。

まさに《金は天下の周りもの》で《あなたが使えば人に渡り、その人もお金を使って買い物をするので街が賑わう》つまり、経済が活性化します。

私が住んでいる町は九州の一都市です。ここ数十年で人口も経済も飛躍的に増え、現在もさらに増え続けています。今後二十年先の方向性も決まっています。

実は水不足から人口増加は市の能力を超えるという時代がありましたがトンネルを掘って導水路を確保し、技術革新で海水浄化設備を備えました。これに加えて他市からの供給量も増えたのです。これによって最大の弱点である水不足はいまでは余裕さえできています。水があれば安心して生活できます。

おかげ様で福岡国際空港は拡張が認可されるほど便数が多くなり、パンク寸前で離発着制限つきの空港となっています。

当地では昭和の終わりころからアパートとワンルームマンションが急激に増えました。必要だからということではなく、不動産デベロッパーの革命です。もともとこの業種は存在していて二十年以上経っていますので、現在のところ所有者の収入もプラスに転じているはずです。

それは購入者の利回りを得るには、余りにも高額で返済できるかできないか、それほどデベロッパーだけが利益を得る仕組みで売却されていました。この手の投資で利回りは望めません。しいて言えば所有する喜びでしょうか。

私の考えとは百八十度違いますが、存在します。そういったデベロッパーも社会に貢献したことは事実です。ワンルームマンションを販売するだけの目的で。

彼らは執拗に法人幹部を狙って、電話で営業を仕掛けてきます。業を煮やした業界からも批判の声が出ます。とうとう法律が改正されました。いよいよ彼らの終焉です。昨今も出来上がったマンションが丸ごと売却に回っているのを知りました。二十年にわたって、この手の営業をしてきたのですが条例の成立などそんなものです。

不動産投資の強引・悪質な勧誘が後を絶たないため、平成二十三年十月一日から、宅地建物取引業法施行規則の一部改正が施行されています。

その概要は、

（1）業者名・勧誘者氏名・目的を告げずに勧誘することを禁止

（2）拒否の意思表示にもかかわらず勧誘を継続することを禁止

（3）迷惑な時間の電話又は訪問による勧誘を禁止

しかし、意外な結果が出ます。

そこに若い人たちが次々に入居してくれました。マンション経営自体は問題ないのですが、デベロッパー法人としてのマンション用の土地探しが苦痛になり、ついに間に合わず自転車操業で倒産です。つまり、箱があれば人は集まるということです。

不動産では需要があるから対象商品を作るというところもありますが、実際にはすでに準備されていなければ人口が増えることはありません。住む住宅のない都市に人が集まるようにはなりません。

お金を節約する政策は《国家を滅ぼす》ということですが世界中で潤沢に資金が動けば戦争もないでしょう。ＢＲＩＣｓ（ブラジル（Ｂ）、ロシア（Ｒ）、インド（Ｉ）、中国（Ｃ）の頭文字を並べた新語）問題でアメリカに資金が逆流すると投資資金を目当てにした国は今、大変な不況に陥っています。

国家で自助努力をせず成立しないところは他力本願となり、他人の資本が動けば破綻もあるということです。政情が不安定な国家も投資には不向きです。

この本を書いている最中にタイで軍事政権が成立しましたが、中国の新疆における爆弾テロもウクライナ問題もご存知のようにすべて経済戦争の結果です。この経済戦争に日本が直接加担することはありません。

集団的自衛権が確定しましたが国家としてあるべき姿だと思います。攻められない体制こそ、国家の目指すべきものであり、平和が存続し株価は上昇するでしょう。

但し、今のところ機関投資家と外国資本が望む時期に株価が変動しているので世界恐慌という言葉はむしろ、滑稽な表現という持論を持っています。彼らの思うままに世界情勢に関係なく、利益確定時期には利益を出すのです。まるで不動産所有者並です。

国家の成立はその国に住む国民が伝統的に身につけた道徳観や宗教観が基本にあるため日本は不正な方向には進まず、安定した国家として世界でも稀な資本主義を今後も維持できるということです。

一方、貧しければ食べるために様々な運動が起きて、無いものを奪い合う国家同士の紛争を引き起こすということです。


話を戻します。

あなたがアパート経営を始めることで《資金投入》が起こり、銀行が融資したお金は不動産屋さんの《仲介料》と以前の所有者の《口座》に移動するでしょう。

移動したこの銀行にあるお金はやがて、《給料の支払い金》となって多くの人の家族に行き渡り、《衣料や食費》に変わりますが、ここでも同じ現象が起こるのです。ファッション店舗は《売上金》を次の人に《支払い》、八百屋さんは子供の《教育費に充て》スーパーのパートの奥さんも《映画を見る》かもしれません。

あなたが始めたアパート経営という不動産投資は新たにこんな消費へと拡大波及していくのです。

ムーブメントの《最初の起点》となるのですから、とても社会性があります。それは一定の《まとまった額》ですから起点になるのですが、少額だと動きになりません。つまり、サラリーマンの給与だとその流れのうちの一点でしかなく、《効率的なムーブメントにはなりえません》つながっていく先が小さく、少額なので効果的ではないのです。

一例として、あなたが長年勤めた美容室を退職し、新たな美容室を作ったとします。美容室は効率の良い投資先と言えます。小さな投資金額ながら効率的で悪くない業種です。一日あたりの労働に対してリターンが多く十分な生活設計が期待できます。あなたは美容室のオーナーですから、閉店後には売上を計算するでしょう。当然ですが、昨日と今日では客数が違うので売上も安定しません。

毎日、平均して予約が入ればいいですが、実際には《判らない》のがこの業界です。予定が立たない収入は消費することを躊躇させます。

つまり、いつお客様が途絶えるかわかりませんが、逆に無制限にお客様が増えてもカバーできないという欠点に気づきます。売上には限界があるのです。

日本人は稼いで溜め込むのが美徳？　という教育を信じ込んでいますが政府は金融緩和の効果のほうが余程、経済発展に効果があると気づきました。

過去には日本政府も箱モノには金を出すなとか、公共工事は効果がないといって土木業者を十分の一まで減少させたのですがこれが今響いています。

下請け業者が生活できなくなったので業態を変えて、ついには日本の公共工事の質まで落としてしまったという結果です。

さて常識が反転する経済効果は、ずばり投資して得た資金は溜め込めばあなたの首を絞めるということです。すぐにそうはなりませんがじわじわと影響します。金融緩和で得た利益を民間企業が溜め込むのは自己中心的そのものです。

必要なものは必要なのです。食事も最低カロリーはどうしても取り入れる必要があるのです。無理なダイエットをしても短期間でリバウンドしてしまうのは、それが間違いであるからです。

多くの常識に真実ではないものがあるということを読者は既に持っておられるはずです。

私は、自分の守備範囲を広げ、しかもビジネスモデルを模倣されないものとして実は二十年ほど前から通販業界にも興味をもっています。但し、健康食品のように体内に摂りいれたり、直接皮膚に塗布したりするものは大きなリスクを伴うので、細心の注意をもって取り扱わなければなりません。そこで、注目したのが、マッスル系の運動器具やシェイプアップを目的に開発された電磁器具です。これらは、事故もなく安定的に長年売れ続けています。

アパート経営も同じです。安定していて問題が出にくい、過去に災害をもたらした商材ではないことです。

低利回りの新築ワンルームマンション一区画（一部屋）を馬鹿高い価格で購入するのは投資目的の先延ばしで、今すぐに効果を発揮できるというものではありません。

しかし、長年、事故もなく経営されてきた中古アパート一棟は、例えれば、安定した健康器具といえるでしょう。

この本では、私が実際に経験してきた王道を羅列するだけです。

例えば、私は、自動車関連で特許を持っており、大手の上場企業とタイアップし、事業化を目指しましたが、製品化の段階で止まっています。投下した資金も実は回収できていません。装備すれば人の命が救えるのですが、巨大な企業の採用がなければ永遠に実現しないこともわかりました。

皆様には、このような失敗も含めた経験から、もっとも効率的で誰もが問題なく実現できる不動産投資という分野に身を置いていただければ、損失なく成功するということをお伝えしたいと思います。

不動産投資は資金を借りる、または頭金をお願いするとしても《特別な資格は何もいらない》し、資産として残る商材です。

不動産オーナーであり、自分の腕や能力は必要ない。アパートの一軒が稼ぐ家賃で不動産の所有権が移った瞬間から、あなたの口座にどんどん家賃が振り込まれる楽しさはオーナー以外には味わえません。

「そんなに簡単にできるのか」とお考えの方もいると思いますが、意外にもアパートの所有者になるのは、そう難しいことではないのです。

理由は《不動産とはそのようなものだから》という、拍子抜けするほど単純な理由からです。だから銀行も貸してくれるのです。それはしっかりと返済できる保証があるからです。入居する人がいなければ、当然ですがアパート経営は成立しません。

入居する側になりますか、所有する側になりますか。

日本の教育は「毎日せっせと働き、毎月決まった日に給料を得て、その額以内で生活を組み立てるべし」と育つうちに暗に刷り込まれているように思います。

起業してもし失敗すれば、二度と銀行は相手しないという社会の仕組みも、その潜在的な意識のもとで成り立っているのです。実にうまく社会はコントロールされています。

しかし、それでは一般的な思考から飛び出した人は異端という汚名の中で生きることになります。コントロールから解き放たれ、入居する側になるか、所有する側になるかの選択は、あなたの自由なのです。

実際の例を示しましょう。まず、最も気になる返済を見てみましょう。


【アパート（物件）の購入例】


総額で3千万円、家賃収入が満室（六部屋）ならば年間432万円の築二十年物の中古アパートを購入しました。

融資額は2千500万円、頭金は両親から500万円借ります（五年で返済）。

融資返済額は十年で百二十回支払、金利年間2パーセントとすれば、毎月の返済額は約23万円になります。

家賃収入は一世帯6万円です。六世帯あるので毎月36万円の収入があります。

返済額を差引、13万円ほどが利益として残ります。同じようなものを二年間で四棟まで増やして月収を50万円までにします。所有する戸数は二十四世帯です。

時々、空きが出ますが出た時がチャンスで最新設備を導入するとすぐに空室は埋まっていきます。いかがでしょうか。現実的でしょう?

家賃が少し増えても設備と条件さえよければ入居希望者はすぐに集まります。

今は入居者が物件を不動産業者の公開するインターネットサイトに直接アクセスしますから、物件さえよければ彼らから見つけてくれます。

あなたが依頼すべきはセンスが良く、使い勝手の良いホームページをもっている業者です。

賃貸条件で《南向き》と《ペット飼育可能》の許可条件があれば飛躍的に入居者は増えます。上手に使わないと退去してもらう条件では入居者の方もちゃんと気を使って飼育するようです。但し、大型犬は条件外です。室内に飼われたら、床から壁からぼろぼろになる可能性がありますので、大型犬は決して許可してはいけません。

家賃の値上げも2万円程度、補償金、または礼金で30万円などの条件ならかなりの人が納得します。この条件なら退去もなく、継続入居優良物件となっています。

家賃収入が年間で、６００万円のあなたは、銀行から見れば優秀な安定実業家、つまり見込み客となります。二年間頑張って返済しましたから実績が積まれて評判は良好なのです。

そして、銀行から手頃な1億円の収益マンションの紹介を受けました。条件的には築十年で利回り8パーセントです。

アパートと違い、固定資産税が土地建物合計で年間１００万円です。しかし、収入は約８００万円ですから、いままでの収入を足すと1千４００万円となります。

一棟1億円の賃貸マンションは56平方メートルの２ＬＤＫが七世帯で一カ月の家賃合計が66万円程度です。現在のこのマンションは場所もいいので次のステップ、全額返済に向けて売却に回します。

区分処理していくことにし、銀行との融資条件で売却毎に抵当権を外してもらうことにしました。

1億円で七世帯を購入しましたから一世帯あたりの購入額は1千４２８万円です。家賃で回収すると毎月９万４千円で百五十一カ月かかります。

これを売却という手段を使うと空室が出るたびに３００万円をかけて新築同様にリフォームして一世帯を2千１００万円で売却します。

新築で３千５００万円以下の物件というのは、なかなかないので圧倒的に安くて、設備は新築仕様であれば売れて当然です。

利益は一部屋で２１００－１７２８＝３７２万円。数カ月で３７２万円回収です。

購入者は利回りで購入していませんので2千１００万円の価格で最新式の設備を持つ

中古マンションを手にして満足です。

販売しながら家賃入金が最後まで続くのでマイナスの時期はありません。売却益を出すという目的で七世帯×３７２万円＝２千６０４万円の利益を確保し、四棟のアパートの返済に５００万円を振り分け返済し、早期返済型に切り替えしました。

今回は構造に手を加えていません。表面的な設備変更のみです。

新しい食器洗い機、コンベック装備キッチン、ウォシュレット装備のトイレに全自動の浴室ユニット、壁クロス総替工事で改装費は約３００万円となりました。収入が増えたのでさらに銀行は融資攻勢をかけてきます。

今度購入したのは２億円の収益オフィスビルです。実績があるため、頭金なしで全額融資となりました。資産は２億６０００万円の不動産となります。

生活費以外はできる限り、早目に返済金に当てます。無駄に売上金を残しておくと税金で予納する羽目になるので注意しましょう。ここからは絶対に無駄なものに経費を掛けないことです。不動産関連以外のものに色目を使うと命取りになります。

不動産投資に限っては毎月利益が出るもの、固定資産税と共益費、積立金などを支払っても、なお利益の出る投資なら借金という感覚は捨てて結構です。

銀行からの融資を受けてはいますが、売れば返済後に少なくともプラスが出る物件のはずです。利益の出ない高い物件を購入すれば残念ながら売れないし、利益も出ません。不動産投資のみで銀行が融資限界を告げるまで投資を続けましょう。最終目標に近づいてきます。購入したオフィスビルの収益は年間1千600万円です。この売却は当面必要ないと思います。四棟のアパートと合計で収入は2千200万円になっています。

法人化もしていますので自分の給与は月額100万円で、ほとんどを経費対象で残りは納税対象とします。

三年前の私は年収300万円のサラリーマンでした。いまでは月額100万円の給与と会社の法人リースで毎月15万円で組んだ1千万円の高級車に乗っています。

さらにいうと戸建て住宅を法人で購入して、個人で自分の法人に家賃を払うという手法なら法人税の削減がはかれます。

この場合、決算から大体一月以内に株主総会を開催して代表者であるあなたの月額給与を固定する必要があります。適当に毎月変動させると役員の報酬については経費扱いされなくなり、売り上げ収入の全額が納税対象額となります。但し、納税は適切に行いましょう。

株主総会で承認されたあなたの給与である毎月100万円もしっかりした家賃収入が根拠ですから信用度抜群です。

そして、今度はこの毎月100万円の信用で自宅を購入します。

手堅く、4千500万円の戸建を建てて、年齢から八十歳までの期間を設定、例えば五十五歳でも二十五年ローンが利きますから三百回支払で毎月約19万円です。

100万円の源泉支払後は手取りで86万9170円となり、そのうちの約19万円ですから何も問題のない数字となります。団体信用生命保険にも加入すれば、万一の場合も家族に支払い義務は残りません。

法人で購入して代表者生命保険に加入という手でも構いません。その場合は法人の資産として加算されます。保険料は一定の額、経費として有効利用できます。あとは相続の税制になるのでここでは割愛します。

しかし、相続のことまで頭が回るのは良いことです。つまり、大きな資産を個人で所有していた場合は相続人が相続税の支払いに対応できない恐れが出てきます。

本人が死亡しただけでなく家族もバラバラにならない様に不動産所有の主体は法人に

切り替えておく方が問題が生じません。

代表者の名前の変更だけで済みます。但し、株式会社の場合における資産の大きさに対して継承する二代目の代表者が株式をある程度の割合で所有しておく方が税務署への説明時に問題ないかもしれません。

出来れば代表者のみが給与受領時に家賃の大半を得るのではなく、中小企業承継円滑化法が有る無しにかかわらず、相続対策として資本参加できる体制をとりつつ経営されるほうが継承時に有利でしょう。

自宅も法人所有ですから、不要になれば売却し返済を減らして、さらに子供たちが巣立てば、自分の所有するアパートの一部屋に移ってもよいかもしれません。

私個人の意見を述べれば、現金資産が5億円あるなら住むところはホテルにしてしまうのはいかがでしょうか。

月間契約にすれば30万円までは事務所として経費扱いでしょう。わずらわしい諸経費の支払い一切が不要になります。利便性の良い場所なら一考の余地ありです。

当然ですが自己所有の車は持つべきではありません。車両を維持するための莫大な経費を意味があるように使えればよいのですが、ここではタクシーの活用が賢明です。

すべて経費となりますから。

具体例ですが、法人税の節税目的で実際にはシンガポールの高級マンションに住んでいながら、時々日本に帰ってきて管理会社と打ち合わせする方や、永住権を行使してハワイのコンドミアムに滞在されている方などもおられます。

資産を現金で5億円、不動産で5億円。その内訳は、鉄筋コンクリート造四十世帯の物件を二棟お持ちの方なら、二十年や三十年なら何もされなくても安定感があるでしょう。不動産以外で物を仕入れて売却する商売では利益限界が低く生活費を得るのにそれが追い付かないことがあります。

しかし、不動産売買の場合、利益がはるかに生活費を超えるため所得と売却に大きなラグがあっても何も問題がありません。

仕入れに失敗したとか、大量の在庫を抱えて四苦八苦しているということは個人営業(税法上は法人格取得)の不動産投資家にとって、ありえない話なのです。倒産するわけがないのは常に不動産がバックアップするからです。

必ず収益(入居者からの家賃)を生む物件を所有していますから現金が生み出され、安定しているのです。

小学校の庭に二宮尊徳さんが薪を背負って本を読んでいた像が置かれていたことを記憶している人も多いでしょう。労働は神聖であると考えます。昨今、パートから正社員に切り替えるところも増えてきたようです。企業にとって正社員待遇で辞めない人材を確保するのは良策です。

小泉政権時、経済アドバイザーのとったリストラ策はすっかり今では大嘘だったことがばれてしまいました。

ここで、正社員で満足しているあなたに二足の草鞋を履くことをお勧めします。上司の評価を気にしつつ、会社のために一生働いて少しの退職金を手にするより、所得を二カ所から得る、しかも本業の仕事に支障をきたさないもの、それが収益不動産の中でも中古のアパートなのです。

しかし、2千万円以上の新築ワンルームマンションを勧められ購入したあなたには地獄が待っています。

忘れないでください。購入すべきは一棟の中古のアパートで利回りが10パーセント以上の物件だけです。

いまの生活が一変する不動産投資家生活。みんながやらないから価値があるのです。

みんなにアパートオーナーをやってほしいと思います。

『こんなに簡単に儲かるのか』と言うよりは『こんなに楽にお金は稼げるのだ』と実感することでしょう。

不動産の《最初から備わっている価値》にあなたは気づいていないだけ。資格不要でここまで儲かります。

高給と言われる医師、弁護士、司法書士、税理士など、どれも資格取得は難関です。一方、不動産投資家に必要なのは意志だけです。しかも弁護士や司法書士、医師などと比べても、おそらく数倍の年収になりますが、この業種では当然という比率でしょう。

つまり、人生は何を選ぶかで収入と社会的地位が決まるのですが、なかでも不動産投資家は群を抜いています。家庭生活の充実と安定した収入が目的です。そういった生活を送ることが、この本のテーマです。

誰にでもできる不動産投資。しかも不動産業者資格は不要です。

《宅地建物取引士免許所持者設置義務》で縛られる道府県知事免許不動産業者と違って、不動産投資家には資格はすべて必要なしでなれるのです。

あなたは、不動産投資家の一日を知っていますか？　月明けに《銀行へ記帳に行くだけ》です。ＡＴＭの操作をして口座にたまったお金を《別の口座に振り分けていくだけ》これはだけは資産が５億円あってもしなければなりません。

《今いくら口座にあるのか程度》は最低、把握しておいてください。

そうそう、銀行についてアドバイスしておきます。

銀行口座はせめて別々の三銀行に口座を持っておかれた方がよいでしょう。一行当たりの保証額は１千万円ですから、三行の三口座なら３千万円まで保証されます。

例えば、クレジットカードで落ちる口座は特定しておき、請求金額以上には口座に入れないようにしましょう。

メインの口座がクレジット引き落としの対象口座の場合は目も当てられないことになります。間違うことも詐欺にあうこともあるので、事前に防波堤を設定しましょう。

長年かかってたまったお金はオンライン接続できない別途口座に数行に分けて入れておきましょう。今や、銀行ですら倒産する時代です。この世で絶対信用できるものなどありませんからいざとなった時に引出すことのできる安定口座を複数所有されるようお勧めします。

サラリーマン時代は自分以外の人の気分に振り廻されていたのに不動産のオーナーに

なった途端、《王様は常に自分》というこの安心感。『もう振り回されるのはごめんだ』。これからは、あなたの思うまま、不動産は動きます。

年間収入が二倍、三倍は当たり前、十倍だって望めば可能です。しかも不動産投資家のいいところは、所有者の能力に関係なく（いや、少しは関係あるかもしれませんが）不動産自体の価値が決まっていて、これが【勝手にお金を稼いでくれる】のです。

一度始めれば、株でひどい目にあった人も初めから不動産投資をしておけば、お金をなくすこともなかったと後悔しているという事実。それは不動産だからです。

どんな物件であっても、それは世界中探しても同じものはありえません。ですから価値が生まれるのです。

株は禁物、手を出さぬこと

サラリーマン生活に疲れ果てている人が、そんな生活から自分の時間を取り戻したいと考えているのなら、株に手を出してはいけません。

デイ・トレーダーになった途端、サラリーマンだった頃のあなたを一層追い込み、もっと体力を衰えさせてしまい、元の勤め人に戻った方がいいのではないかと不安になるでしょう。

たった一秒の動きで利益を確定する「株式」と異なり、不動産投資は通年で動きを見る、最近では消費税の上がる時期、日銀の金融引締め時期、緩和時期などに焦点を持ってくればいいわけで、それに気づくのが三日遅れてもいや、一カ月遅れたところでほとんど影響はないという職業です。株式は誰かとのギャンブルですから投資家ではなく相対性理論実践家と私は呼んでいます。

例えば、郵政三グループの株が上場されて、購入できれば数日で１５０パーセントになるということが仕込みの段階で分かっています。上がったときにさっさと売却して後からさらに手を出さなければ正解です。法人ですから他の収入と合算されて総合課税となります。臨時収入は利益の確定以外にありません。

株式のよい点は、現在、機関投資家を利用する投資家集団が必ず利益を確定させてくれるという結果が見えていることです。彼らの動きは気ままですが、ここぞというときには乗ってきます。利益が確定すればすぐに引きますから上昇中に手閉まうことが必要です。

このような神経戦は不動産投資にはありません。取り扱う物が違うと思ってください。

株はギャンブル?

パチンコ店も必ず儲かる業種とされています。私も過去にパチンコ店を開こうかと思ったことがあり、いろいろ調査し、経験のためにパチンコ店でアルバイトまでしましたが、熟慮のすえ断念しました。パチンコ店チェーンがあれだけ巨大化する理由は一つだけです。それは、出玉を制御しているからです。

一方、不動産投資家は自分の判断で好きなように保有すれば保有する間、利益が確実に出て、売却すれば確実に利益が出るという自分が采配する本当のビジネスです。

株も、パチンコと同じギャンブルです。いずれも他人任せなのですからビジネスとは言えないのではないでしょうか。

本当のビジネスをして資産を作りましょう。

情報を見極めること

以前、知り合いから築三十年で、四十世帯3ＤＫ、入居率70パーセントのマンションがあるけど買いませんかと情報をいただきました。

敷地が５００坪あって、駅に近いという願ってもない物件でしたが、築年数がネックです。古いと銀行はあまりいい顔をしませんから、融資がつかないのは分かっています。しかし、最近はマンション用地が容易に手に入らないので、ひとまず、過去の記憶を探っていくと、同様の物件を待っていたデベロッパーがいたのを思い出しました。そして、すぐに頭の中で組み立てを考えました。

このマンションは現況でも年間家賃収入が3千万円あります。売れるまでの間に投資資金がどんどん回収されて、めちゃくちゃ安い値段で仕入れたようになるという仕掛けです。私の頭の中で1坪当たり10万円乗せて売却をしようと考えます。現在の想定利益は5千万円です。

仕入れる側に立ってみましょう。相場より高いという私の言い値です。しかし、一年持っておけば3千万円の収入があります。そして、三年持っておけば結果的には私が仕入れた価格より安く仕入れてしまうことになります。

5千万円高い価格で仕入れても三年収益物件として寝かせれば優良な物件となるわけです。その間の入居者倍増対策はペットもOK。年齢、国籍問わず。家賃を上げる必要もありません。

もともと四年後には建物を解体して、新築の分譲マンションを販売する土地とのことですから立ち退きを前提とした入居条件を付けています。公正証書できっちりと退去を記載してください。

これでデベロッパー担当者は食指が動きます。損なところが全くありませんから。しいて言えば、退去費用で少し負担が出るくらいでしょう。それでも三年間の収入9千万円は有難いと思います。

私も現在の所有者と仕入れ価格の交渉をします。容積率が駅の近くなのに300パーセント地区です。昨今の建築費値上がりの影響を訴えましたが、これ以上の交渉はできませんでした。５千万円の利益で譲渡することで納得しておきます。

　このような話がいつも来るというのが事実です。

　最初は小さなアパートの所有を考えられて実際に所有するということで本当に家賃が振り込まれ喜んでいただきたいと思います。

　私は通ってきた道なので原点に戻ることはないですが、是非一歩を踏み出してください。

　では、こんな事例の場合はどうしますか？


【ぼろいアパートが駅から十五分のところにある】と電話がきたとします。

　現地に飛んでいきます。見た目がひどい状態で人が住んでいるのが信じられません。

　この時点で購入をあきらめますか？


【待ってください】

　周辺に問題のある人物や団体、臭気発生装置などがなく、個人のお宅、商店など一般的な街並みがあるとすれば、《購入すべきです》
　例えば、それを土地値で計算して30坪の相場坪30万円程度のところに存在するのであれば９００万円、すぐに購入申し込みをしてください。

「どうしてこんなぼろみたいなものに価値がある？」と思いましたか？

築後三十年、木造二階建て六世帯に三世帯しか入っていないとします。１Kで貧相なアパートなので、家賃は一世帯当たり5万円ということです。いまのところ、《三世帯で月額15万円の収入、年間１８０万円です。》

金利計算なら10パーセントで1千８００万円の価値があります。

不動産投資家なら《みんながこれを探しています。》しかし、見つからないのです。見つけたらそれはお宝発見というわけです。つまり、今のまま何も手を加えず、あなたは寝ていても年収１８０万円の収益になるということです。

現在のあなたのサラリーが年間６００万円なら一挙に７８０万円になるのです。ただ、購入しただけでですよ。

【やりましたね】

固定資産税もこの物件なら土地のみですし、建物は償却済で、建物があるので評価は低いはずです。土地は何も建ってない方が税金は高いのです。すぐに転用できますから。固定資産税・都市計画税合計、年間で15万円というところです。それでも１６５万円が残ります。

いくらで購入しましょうか？　おそらく、不動産業者が値段を付ければ７００万円というところでしょう。

理由は……

１．入居者がいて、退去費用がかかる。

２．新築で建てるときに、それなりの建築コストが必要であるが相対的な利益としては安い。

３．建物の解体費用を加算して７００万円。

所有者が個人であれば、その人は『こんな三十年物のアパートを買う人いるかな』と思うでしょう。

『十分、元もとれたし、もっと安くてもいいのに不動産屋さんは手数料が多い方がいいのかな』と思っているところです。

ここで不動産屋さんの弁護ではありませんが、手数料というのは売値が多少動いてもほとんど多くはなりません。

例えば、１００万円の手数料が３パーセントで３万円なら１２０万円になったところで３万６千円という程度です。

長年この業界にいますが、この《6千円》に魅力を感じる不動産投資家や不動産屋さんはいないと思ってください。あくまでも所有者様の手取りを考えてのことです。

無駄話が多すぎて時間を取ってしまいました。そうこうするうちに申し込みが入って、他の人に持っていかれました。残念ですが考えすぎましたね。

躊躇していると計算の早い人に持っていかれるのがこの不動産投資の世界です。なぜなら、【安ければ必ず儲けが保証される】からです。これが私を取り巻く現在の状況です。《如何に早く判断し、不動産物件の購入申し込みをするか》です。

この場合、《年間収入の180万円を失った》ということです。

【十年で1800万円の損です。】これは痛いです。頑張って働いてもらう退職金、申し込まなかっただけでもらえなくなったら悔しくないですか。ほとんどの人は悔しいでしょうし、こんな話があるわけないと思う人もいるでしょう。

しかし、《私はこの現実の世界で今も物件を購入している現役投資家です。》
しかもお客様にも紹介もしますし、この十年間で数十億円の利益還元をしてきた実績があります。

自分でも購入して、お客様にも利益を出していくという両方のビジネスをしてきました。この経験のうえで申し上げます。

【不動産投資の面白さは他の投資では味わえない安定感がある】のは確かです。

不動産は特殊で日本国が評価を出してくれるという公正なもので土地や建物がおいそれと低い価格を提示されることもなく、余裕で融資もつくのです。ですから不動産を購入するときに『これは買いだ』と判断するのは確かに経験者の方が早く正確な判断をしますが慣れればポイントだけ、つまり私が羅列したものだけを考慮すれば少なくとも損にはなりません。

あなたはこう思っていませんか？

「入居者全員がすぐに退去したら収入ゼロでしょう！」

ぼろいアパートで、もしも購入直後に《入居者全員が出て行った》とすれば、どうするの？　と考えて躊躇します。

しかし、私の考え方はこうです。それはすごく《ラッキー》なことです。

第一に、《退去費用を出さずに空室にできた》のですから。

第二に、《リフォーム工事に堂々と入ることができる》わけです。お風呂やエアコン、トイレ、クロス、台所に床を最新のものに変えただけですぐに満室です。今までみんなが出たがったのは、いくら家賃が安くても、設備が古すぎて不満があったのでしょう。ほとんどがこのパターンです。ですからどうすれば満室になるかも分かっています。

リフォーム後は、家賃を相場の7万円まで戻して、六世帯×十二カ月で年収504万円の立派なアパートに変身です。

「リフォーム工事は高くて、利益が数年分飛ぶじゃないか？」とお考えでは？

いえいえ。リフォームにかかった費用は外壁工事も含めて、平均で一部屋100万程度ですから六部屋分で600万円、合計でやっと土地値相場になったわけですが、あなたの投資リターンは年利45パーセントになり、あなたは投資額を三年でほぼ回収し、返済を満額終わらせることになります。これを利回り10パーセントの5千万円で売却する手もあります。

私の知人はこの方法によって八年間で10億円ほどの実績を上げ、今も海外生活です。

私はその間、半分程度お手伝いをさせていただいたので、どれだけの利益が出たかも熟知しています。売却という手もありますし、保有して毎月の利益で生活するというどちらに振ってもあなたの自由です。

この古アパートも【900万円で手に入れて600万円かけて手を加えただけで3千

５００万円も利益の出る売り物件に変身しました。】

このような例は、私の経験からご紹介していますので事実です。

ただ誰もそんな考えがないだけなので競争相手はなし。全国規模で見れば競合相手はいますが、地元の強みは他県の投資家に先行します。いままであなたも買おうとしていなかったのがその証拠です。

売ってもいいですが勿体ないので所有しておきましょう。いつ売ってもいいじゃないですか。だって、そのままでも毎日利益がどんどん出てくるわけですから。

これが不動産投資の醍醐味なのです。

この例の場合、すごく努力したかといえば、それほどの《努力はしていない》のが事実です。あなたがしたことといえば、リフォーム工事をして集客力アップを図っただけですから。ものは考えようですが、もし空室のままリフォーム工事を怠って集客していれば、これは以前の個人オーナーの失態のままということです。売るにも売れませんよ。空室のぼろいアパートなんて。

購入するときは極力、安く、売却するときは極力、高く。これが不動産投資です。但し、相場より高い場合、売れ行きは良くないです。

本気で売るのであれば、安値で売却するのが本道です。つまり私を含めた現役の不動産投資家といわれる人はこれはという物件を見つけると、すぐに購入できる立場にいるわけです。つまり、資金があるか融資実行が確実かのいずれかです。

このポジションを得るには数年間、不動産投資を繰り返すことが必要です。そのため相場以上で購入することはないのですが、安い物件ならすぐに飛びついてきます。

繰り返しになりますが【安く購入しないと利益が少ない】のです。利益は出ますが安く売っても利益を出す方法は極力、《さらに安く購入する》ことです。

しかも、【売却時には相場より安く】が鉄則です。そうすることで利益回収が早まります。

《どんどん口座に蓄積されていきます。》だから不動産投資家の思っていることが手に取るように分かります。不動産仲介においても購入希望者や売却希望者の心理を理解し、迅速に対応することが求められます。

さて、不動産は所在地が変わらないわけで変身させて見かけと設備で勝負しましょう。【ぼろい状態】のままで集客しても、家賃をさらに落としても入居者が入るのに時間がかかります。条件はさらに悪化します。

確実に家賃をいただく方法はクレジット支払です。支払も社会性も備えたクレジットカードを持った普通の入居者を入れるのであれば、それなりの状態まで《リフォームすること》がベストの選択となります。

外壁を替えるのは本当に《安価で可能》から、所有することになれば取り組む最初の仕事としてください。今は高性能なサイディング（外装材）がたくさんあります。一枚当たり5千円程度、サイズは一畳検討です。これを貼る工事ですが一階の高さは3メートルですから、二階なら6メートルです。窓部分まで含めても6メートルです。全体の建物面積は今回、一部屋当たり24平方メートルでしたから三部屋では72平方メートルです。

廊下部分はうまく1坪で二階まで抜けていますので3・3平方メートルの二倍で6・6平方メートルを加算します。

一回当たりの面積は78・6平方メートルとなります。必要な最大サイディング枚数は162枚ですが窓部分が必要ありませんから100枚程度でしょう。

つまり、外壁工事は材料が50万円、手間賃が二日で6万円というところでしょう。

トイレをウォシュレット式に交換して10万円の六倍で60万円、キッチンを二口コンロタイプの料理のできるものに変えて120万円、お風呂は奮発して自動お湯はり式でユニットバス1・5坪タイプ30万円6セット180万円、クロス貼り換えは手間賃18万円で済みます。合計では434万円。

戸建メーカーにどれほど利益があるか計算できますが、社員の給与も最近は下がっていますのでメーカーさんには文句を言ってはいけません。

我々は請求書どおりの金額を振り込んでこそ一人前です。なぜなら、どこの会社でも家賃は発生するし、会社のために働いてくれる社員一人一人の生活費を維持するために給与を払わねばなりません。コストに、積み上がった金額は仕入れ価格の数倍になっていても納得してください。

我々、個人投資家は不動産を動かす場合、どんな大きな相手でも対等にビジネスが出来るのです。十分に相手の利益を考えて価格を設定しているのでほとんど購入側が下手に出ることが多いでしょう。

私が購入するときは、それこそ平身低頭を持って、売主様にお願いするのですが、大企業の担当者は自分の資金でもないのに横柄に「買ってやる」という態度がほとんどです。そのような態度が、どれほど自社に損害を与えているのか分からないのでしょう。

つい最近も20億円ほどの事業についてＳＰＣ（特別目的会社）を設立して資金を調達するという話を銀行担当者としていたのですが、個人でも話は上場企業に劣ることはないのです。

先程の話のように建物は材料費で計算すれば三分の一程度しかかかりません。ほとんどが人件費といっても過言ではないでしょう。ですからうまい下手は大いに問題があります。

もしも、あなたが新築される時にはすべての工程を自分の目で確認されることをお勧めします。

できれば購入前に水平器（ホームセンターで１０００円程度で購入可能）で建物が水平であるか確認するのもいいかもしれません。

その傾き加減によっては、ひょっとすると売値を１００万円程度下げてくれることもあるかもしれません。

土質の調査費用は10万円程度。傾きを是正するのは、それほどのコストはかからないと思います。

ベタ基礎の工事、基礎工事は鉄筋を曲げるところから始まるのですが、敷地の面積に応じて太かったり細かったりする鉄筋の先だけを20センチくらい、Uの字に曲げるのですが、少々つらい作業です。

先をU字に曲げるのは、引張強度を高めるためですが、セメントの中で鉄筋同士が引っ張り合いをしている状況です。

これを地面から浮かせて25センチの枠を作るようにクロスさせて全体に並べます。クロスは狭いとセメントが行き渡らないし、広いと強度不足になります。

鉄筋は意外に重く、太さによりますが9ミリでも、一本30キロ位はあるようです。クロスしている個所を細い金属の糸でしっかり結びます。これも根気のいる仕事です。真夏の炎天下にこの作業をしている人を見たら、不動産投資家でよかったと思ってください。但し、最近ではこの仕事の日給は3万円から5万円ということですので、どちらに就くか体力のある人なら挑戦してみてはいかがでしょうか。

今では新築から十年保証は当たり前ですので手抜き工事などないはずですが、不心得者というより、工事したことがない派遣の工事人が混じっていることがあり、動きを見て基礎部分程度は観察しましょう。

信用は自分で作るもの

さて、あなたは無事に不動産を購入したとします。

口座にどんどん貯まる額面を見れば、銀行が放っておきません。融資がさらに有利になりますが、ここで間違えてはいけないのは絶対に利益を生まない物件を掴んではいけないということです。

最初の投資が吹き飛ぶような購入の仕方では、ここまで何のためにこの本を読んでいただいたのか意味がないからです。

それから企業情報を扱うデータ法人からも法人化すると取引データとしての信用調査のために電話があります。ここでは、素直に自己所有の説明をしておきましょう。

この説明したデータはあなたが今後融資を受け、物件を購入したりするときに売却相手からの調査対象としてデータの供与があるということです。

信用は自分で作ってください。最悪は脱税です。絶対に与太話に乗ってはいけません。

私の会社の場合ですが、現在もあえて資本金を不動産業者当時のままにしてあります。

たった200万円の資本金ですが数億円までの融資なら問題ありません。

会社の資本金を多く見せると信用があるなどと考えてはいけません。詐欺師ではないので、そのあたりは逆にお考えになる方が良いでしょう。見せかけの資本金など現在、その現金、キャッシュフローがない状態でも消えてなくなりませんから厄介です。

もう一度おさらいです。利益の出ていない物件は購入対象ではありません。不動産は必ず、あなたを裕福にします。

「安いよ。街中だよ」といって、古いワンルームマンションに手を出す人がいますが、区分分譲マンションは他の所有者との共有物件です。

しかも、自分で自由にリフォームしたり、外装を替えたりできません。基本的にドアの内側だけが所有者の自由度の高い共有箇所と言えます。建物も階段もベランダもエレベーターもあなただけのものはほとんどありません。

自治会で決まると管理料金だって平均1万円くらいが2万円になることもあるし、反対できない決まりもあります。

18平方メートルのワンルームマンションを共有者の総会で事務所としても使用可能と規定されていれば、事務所として賃貸に回せますが、ペットも飼えない規則では入居者募集で制限が多く、入居者も見つからないということも多いのです。

もう一つ、家賃を見てください。

所有者が安値で売りたがったのは管理費と返済と積立金とを合計するとほとんど利益が出なくなるからです。所有している間は修繕積立金と管理費は所有者が必ず負担しなければなりません。入居者のいない期間が数カ月続けば、その年は完全に赤字となるはずです。

安くてもワンルームに手を出さないことです。ワンルームマンションや分譲マンションの利用方法は賃貸ではなく自分で住むのが本来の使用方法です。坪単価はマンション販売会社がしっかり利益を取りますのでオーナーには利益は出ない仕組みです。

購入の目標物は木造のアパートに絞ってください。土地はついてくるし、自由にリフォームできるし、売るときにもこちらでつけた値段で取引できます。

狙いは木造アパート

目標は木造二階建てのアパートです。購入しやすく、売却しやすい2千万円くらいの価格帯なら最高です。

その物件はストレスフリーであなたがどこで何をしていても銀行の金利と同じく、土曜も日曜もなく働いてくれます。しかも、あなたの能力に頼らないのです。ですから購入する物件を選びなさいと申し上げているのです。

なぜなら《何もしなくても毎月定期的に収入を生むものなど不動産以外には存在しないからです。》

二十年後は若者人口が減ってアパートに住む人はいなくなるのでは？　という想定もありますが、私が一番勧めるのは木造二階建・1DKの中古アパートです。平均が六世帯程度、価格は最高で2千万円くらいのもの。十分に手入れをしていけば、日本家屋の強さはコンクリートのようにひ弱ではありません。新築やリフォームするのであれば、大工さんに直接発注しましょう。

木造二階建ての延べ床面積は一部屋9坪で六世帯、それに5坪ほど余裕を持たせて合計、59坪で出来ています。

大工さんへのコストは、坪単価約30万円でしょう。つまり、土地代を除いて1千８００万円となります。

これに土地代ですから30坪を坪60万円で購入するなら、合計で３千６００万円となります。

年間３６０万円回収できれば利回りが10パーセントです。銀行金利と比べればすごいです。一部屋６万円で六部屋では36万円、これに十二カ月を掛ければ４３２万円のリターンです。新築の場合は固定資産税も取られますが利回りは12パーセントくらい確保できます。

もし、１ＤＫの需要がなくなったとか、時代に合わないとなった時のために《木造二階建てという構造》を選んでお勧めしています。

私が建築現場のお話をしたのはこの構造の話をするためです。木造二階建では２ＤＫや３ＤＫ、または店舗に変更が簡単にできるというメリットがあるのです。鉄筋コンクリート造などの《壁が全体を支える構造》ではないので柱を残せば基本的にすべての部屋をつなぐことも可能です。

そしてキッチンやトイレ、浴室については多くある配管を撤去する作業だけですから大変簡単です。逆の作業では配置や配管に苦労することになるし、これ以上細かい部屋にすることは近年の傾向として法律が許さないはずです。

この2DK、3DK、3LDKという間取りは都市部では大変希少なものとなっていくでしょう。つまり、空室になる確率が低いといえます。勿論、大型のマンション建設の一角に交渉対象となった場合も、売却は簡単ですし、経験上、木造の解体費や退去費用もそれほど高額になりません。

これを最初から鉄筋コンクリートや鉄骨造で無駄にコストをかけても残念ながら家賃収入が思ったほど増えることはありません。なぜなら、分譲マンションという強敵が控えているからです。

鉄筋と木造で家賃がどれほど違うでしょう?　二十世帯の木造で、平均家賃6万円とすれば、年間で1千440万円。鉄筋コンクリートなら十四世帯、平均9万円として、年間1千512万円程度が可能でしょう。

支払う層は単身の若年層ですから、給与の額は月収20万円を超えることはないと思われます。収入のほぼ半分の家賃を払うか、もっと安い家賃の郊外から時間をかけて通勤するかは、この計算では除外するとして、回収にかかる期間を単純に計算すると鉄筋コンクリート造では約六年、木造は約五年かかる計算です。

入居側から見れば毎月３万円の差は大きいでしょう。年間36万円、十年では３６０万円の差となります。

今回は同じ容積において木造と鉄筋コンクリート造を比較しましたが、耐用年数における対費用効果では自由度の高い木造に分がある結果となります。木製ならカンナで一枚削れば新しい面が出てきます。

これは大きな差でしょう。

シロアリは鉄筋コンクリート造でも食べてしまうので対象条件にはなりません。１Ｋの鉄筋コンクリート造から３ＬＤＫに変更するには、壁を貫通する作業だけでも費用が大きいですが、内部に配置された配管に亀裂などを生じさせると全体の構造に響きます。また、自由に壁を取ることは建築基準法上許可が出ません。壁は構造を支える柱の役目があるからです。

そうそう、アパートを購入したら火災保険と地震保険には入りましょう。保険料の額はたかが知れていますが、なにかあれば、新築で返ってくるのです。

現金で3億、あなたは一生お金で困らない

あなたは何の目的で不動産投資を始めるのでしょうか?

(1) 人生を楽しみたい。
(2) 大金が欲しい。
(3) 休暇が欲しい。
(4) 世界中を旅行したい。
(5) 安定した生活を手にしたい。

あとは高級車が欲しいとか、別荘が欲しいとか。ほとんどのことは可能に思えるでしょう。ではその方法をご紹介しましょう。

あなたに用意された新しい未来

人生をリスクなしに楽しみたいのならば、不動産投資は株などと比較しても超安定した投資の部類になるでしょう。しかも、あなたの経済状況にほとんど影響を与えません。そして、それは株式投資と同じくらい利益があるにもかかわらず、不動（産）といわれるくらいですからデメリットがありません。不幸にして火災にあったとしても土地が残るし、保険でカバーできれば問題なしです。

もう一度言いますが、ギャンブルである株投資は心が安らぐことなく、あなたを現実から苦悩の世界に引き込みます。

例えば、永い時間かけて５００万円積み立ててきました。車が一台買えますが、それでおしまいでは残念。積み立ててきた期間はおよそ五年間。毎月４万５千円くらいを預金するという計算になります。

さて、ここから新しい世界へ踏み出します。

まず、５００万円を貯めた実績で、不動産収入が年間４８０万円のアパートを購入するので銀行に融資をお願いするのです。会社は当分やめるわけにはいかないので、しばらくはダブルインカム（一世帯に二つの収入源があること）になります。

実際には3千万円クラスのアパートを二棟というのが選択肢の要条件となります。不動産にはその土地と建物ごとに税金をかけるための評価額が定められています。

この評価額に対して収入がいくらあるのか、管理会社の能力はしっかりしているか、などを考慮して《融資額が決定》されわけです。

融資機関の評価がそれに達すれば問題なく、《融資実行》となります。これであなたは二足の草鞋でもいいし、不動産収入のみでも生計が成り立つようになります。現金が自分の能力以上に入ってきますが、まず、借金を均等に毎月欠かさず、銀行に返済していくという《信用実績》を銀行との間で作ることが必要です。

年間の不動産収入480万円に、自分の生活から50万円を支出すれば（月額4万～5万）、年間500万円が返済可能である。

三年間、辛抱して返済すれば、最初の5千500万円のうち、4千万円が借金として残ります。

しかし、銀行の評価は、この借り手は毎月問題なく、決まった額を返済しているという《評価を得ることができる》のです。

不動産投資家生活を経ると、人は投資家としての資質を身につけます。ですから、何らかの外部要因で自分の会社を失ったとしても、数年後には回復して以前と同じように資金調達して経営できる組織を動かす、その人の姿が見受けられます。日本では一度でも会社の経営に失敗すると《二度と銀行が相手をしてくれない》とよく聞きますが、そんなことはなく、資金さえ作ることができれば、また会社の代表に復帰できます。

経験者ほど豊かな時間を過ごしていますから、経営者の座への回帰志向も強いと思われます。

是非、そんな方からの意見を聞くことが、今後の参考になるはずです。

社会にも貢献できる仕事

不動産投資家というのは、社会的な職業であるがゆえに、是非、社会貢献にも力を注いでください。事業を始めれば、納税は当たり前であり、決してそれを不満に思ってはいけません。

何故なら、誰かが納めてくれた税金が国家を作り、日本の評判を作っているからです。自分は独力で金を稼いだので、これは自分で独り占めだと思っている人は残念ながら自分の殻を破ることができません。

アパート経営は実に周りから支えられている事業であることをいつも理解しておいてほしいと思います。

納税した後、ご自分のお金で購入されるのは一向に構いませんが、国税庁の許可が要るような案件には手を出さない方が良いようです。

マイナンバー制度があるなしにかかわらず、ご自身で所有されているもののすべてを税務署は把握していますので、収入との関係で脱税容疑がかかると目も当てられません。万が一、査察対象になってしまうと数日間事務所と自宅が使えなくなることもあります。

赤字の法人はほとんど調査対象になりませんが、黒字の法人なら税を取れるところからはもっと取れるだろうという思考方法です。因みに私も船や別荘、高級車は所有していますが、参考までにこれからそのお話をします。高級車については税金を支払った後、趣味で所有される場合、現金で購入してください。経費になるかどうかは微妙です。それが営業上必要であれば良いのですが……。

例えば、戸建営業の場合、各広告パンフレットに駐車スペースに置く車として法人所有の車を使うなどは、一種の広告として良いアイデアでしょう。新築されるお客様にとっては魅力的な車が置いてあれば、そのような生活を想像できます。

要は、様々なものに経費を使ってもたかが知れています。つまり、納税するのが一番楽な作業であるということに気づきます。

テレビで取り上げられるような有名な資産家でも、残念ながら、体は一つだし、時間は、等しく三百六十五日しかないということです。日常生活はそれほど変わることはないのです。不動産投資家として成功しても日常生活は、ほとんどアパート一軒の所有当時と同じ程度と思ってください。

肝心なのは利回りがあることですので、利益が出てこないものを購入しても意味がありません。

すでに東京には、利回り４パーセントくらいの物件しか残っていないようです。現金があれば、なおさら利回りと融資金の使い方を有効にしてください。１億円の資金があれば法人なら、銀行から10億円くらいまでの融資を受けられるはずです。但し、数年間黒字決算という条件付ですが……。

10億円の物件なら7パーセントで運営しても年間7千万円の税引き前、利益を予定できます。あなたがこの法人の代表者で社員がいなければ毎年7千万円が最大値で利用できる可能性があります。

これなら東京でも思ったような生活が送れるのではないでしょうか。先程も例として挙げましたが、個人がどれほど移動を繰り返しても経費で使える費用など知れていますので、この年間7千万円のうち、（高額の）給料を設定しても、ため息だけが出るはずです。いくら納税が好きでももっと低い数字で十分だと思います。

法人経営で肝心なのは物件の購入は不況期に行い、好景気になったら直ぐに売却して身軽になれる強い心です。

やがて不況になれば、以前の物件より良い物件が安く出回るのは世の中の常です。

我々不動産投資家が長い年月をかけて、決してぶれない優雅な生活ができるのはこの不況期に仕入れて好況期に売却するという当たり前の鉄則を維持しているからです。この法則を守れば結果として最終的にあなたは勝ち組となるでしょう。

今の生活を続ける理由は、今の生活しかできないと思っているあなた自身の気持ちが原因です。ちょっとだけ、意識を変えれば誰でも少なくても数倍の生活資金ができるでしょう。

世界には住居を購入しないで賃貸に住んでいる人は大勢いるのです。あなたも世界を視野に入れてビジネスを展開していくことも夢ではありません。今度は世界で同じことをするということも可能です。一度経験すれば、どこでも同じです。

日本の管理会社で世界に出ている法人は日本人狙いでしょう。

アメリカやイギリス、フランス、中国上海、香港などのファンドが日本を買いあさる意味はあなたの将来の姿でしょう。物件がなくなるとか日本人が減っているとか、そんなニュースは誰かが意図的に経済操作するためにロイターやＣＮＮ、ニューヨークタイムスを使って世界配信をしているのでしょう。

気にすることはありません。人間は生活していますし、経済活動も今後永きにわたって、続いていくのです。

世界は常に動いています。日本だけ見ていると判断を誤ります。世界は連動しているのです。

株への投資家なら一秒で株価が変わってしまい、大きく儲けたり損したりしますが不動産投資はみんなが動き始めた時にぼちぼち腰を上げる程度。その時が所有物件を売却するチャンスに当たります。決して一秒を争うことがなく、考慮する時間があるので損もないのです。何もしなくても毎月収入があります。気を抜いても特に損失が発生することはないという強みに守られているのです。瞬間的に儲けたり損したりするリスクに心が震える人でなければ、どなたがやっても鉄則を守れば優雅な人生を送れるのです。

十分に生活できるレベルになったあなたには社会貢献にも力を注いでいただきたいと思います。例えば、あなたが所有する不動産を活用して、困っているシングルマザーたちのためのシェルターの運営。彼女たちは、小さな子供を抱えて、仕事と子育てに精一杯、頑張っているのに、物心両面でとても十分な援助を受けているとは考えられない状況です。

子供たちが独り立ちできるまで、生活スペースを提供することが出来たら、素晴らしいことだと思いませんか。

共同生活スペースを設け、利用者が当番制で他の利用者の子供の面倒をみるようにすれば、安心して仕事に取り組めるでしょう。例えば、五家族がスペースをシェアし、数万円を出し合うようなシステムを構築出来れば、一家族の負担はわずかとなり、しかも家族の将来設計が可能になるでしょう。

不動産投資家としてできる社会貢献の一例としてご提案しました。

不動産投資のリスクとは？

ここでは、不動産投資のリスクはどんなものかも説明します。

どうしてもこれは伝えておきたいことですが、まず最初から無理して利回りの出ていない高額物件に手を出すということを避けてください。

二棟目や三棟目なら平均してプラスになることが多いのですが、一棟目からこの法則を破るとあとはないでしょう。

あくまで不動産投資は、利回りを追うものですから、支払利息と家賃収入の間を広くとれば広くとるほど利益が出ることは小学生にでも計算できます。さらに条件を付けていき、満室にできれば理想的です。

春頃は、時期的に移動が頻繁になるため、空室になったり、満室になったりと変化はありますが、一月も間を開けず、入居者が決まってしまうものです。

地方経済の変化も確認すべきですが、日本の人口が減少している状況を見て、将来も減ると思うか、何とかなると思うか？　どう思いますか？

それは常に需要があるというのが正解です。

アパート経営に必要な判断は人口の集中している地域だけを狙わなくても蛸壺現象というのですが、アパートが新築されれば、誰かが来て住むというのが、私の経験上の事実です。何もなければ、誰も住むことはありませんから。

中古のアパートでさえ内装・外装を整えれば、同じようにボチボチでも埋まっていくものです。

人がいる限り需要もあります。「こんなところでは入居者が来るわけないよ」と思っても、建ててみれば満室とまでいかなくとも、それなりに居住条件を満たせば入居者は集まってきます。但し、管理会社や賃貸専門の不動産会社が経営を続けられない都市などは避けることが問題を拡大しない条件でしょう。

お勧めは今後も人口が増加することが予想できる地域ですが、十年後、二十年後の心配があれば札幌、仙台、名古屋、福岡くらいを対象地に考えると失敗はないでしょう。

その他の都市でも決して悪くはありませんが、確実に二十年後も若者が街の中心にいるというのは東京と横浜を除いて、前述の四都市くらいと想定しておきましょう。

東京と横浜がアパート不動産投資になぜ向かないかは、現在の高止まりが続く以上、利回りによって優雅な生活が送れるほど周辺人口が増えないという欠点が露呈しているからです。

今後、人口が増える条件は周辺の宅地開発ができる状態かどうかです。

ドーナッツ化と呼べるこの周辺人口の拡大はやがて都市部に若者が集まるための大きな条件となります。都市の中心を取り囲む周辺にどれだけの人口が包有されているかで将来の発展も予測しましょう。

例えば、福岡市の場合、鹿児島、宮崎、熊本、長崎、佐賀、大分、山口、沖縄と周辺を取り囲んでいる県からストロー現象で若者たちは引きつけられます。

実家から一時間程度の都会の雰囲気を味わえる街に魅力を感じて集まっています。新幹線の鹿児島ルートは飛躍的に福岡という都市にプラスになりました。

二〇一六年四月には、博多駅前に東京のマルイが進出しましたが、いまでも人が右往左往しているところに、さらに新店舗に引きつけられた若者たちが集まるでしょう。しかも、町を歩けば、ほとんどが若い女性です。

福岡市からは東京へ行く人も多いのですが、空港からは東京まで一時間程度の距離です。博多駅から地下鉄で二駅目が福岡国際空港であり、発着数は、羽田、成田に次いで全国で第三位です。

羽田、成田は総合関東圏の入口で、いわば別格ですから、福岡国際空港は実質日本で二番目という規模です。このままだとパンクするので現在の敷地にあと一本、滑走路を増設するようです。アセスメント中で実行も目に見えているでしょう。

受け入れ便を増やすということを勘案しても、まだまだ人口は伸びていきますし、福岡市の将来設計もあと二十万人程度までは頭にあるようです。一体どこから吸い込むつもりでしょうか?

周辺都市が減少するのは努力不足になるでしょう。この周辺環境の中で親元を離れていても、この距離は親が元気な間、保ちたい距離となります。特に女子の場合はこの傾向が多くみられるようです。

福岡市の十五歳から二十九歳の女子人口率は日本一なのです。若い女性が集まる街に必要なものは、第一に職場ですが、もっとも多いのが美容室、ファッション衣料系の店舗、食の豊かさを示すその土地独自の文化です。

札幌、仙台、名古屋と周辺環境が似ているのはこの部分です。この文化が二十年後には消えてなくなるのではなく、周辺の宅地開発によってさらに支えられていく基礎基盤拡大がみられるのも特徴です。

逆に東京や横浜には伸びる余裕がなく、不動産を購入する住まいとしての条件が厳しすぎて子育てにも自然環境にも乏しいものになっています。

ここが札幌や仙台、名古屋、福岡との違いでしょうか。アパートというちょっとした不動産投資を始めるに当たり、抑えるポイントは現状を見るだけでなく、その場所が持っている不変の魅力が今後も存在するものなのかどうかが、とても重要になってくるわけです。

例えば、観光地化され過ぎて色褪せた都市に魅力があるかといえば、それほどでもありません。行き過ぎた呼び込みやお土産品の押し売りは日本人にとって耐えがたいものがあります。それが文化というものです。

東京の銀座を歩いているときに、それらの店舗から店員が出てきて道行く人を引っ張り込むことはありません。

東京でも一部の街ではそのような傾向がありましたが条例で禁止されています。それはもって生まれた文化の程度が高いからです。ですから行き過ぎた作り込みには誰もが嫌悪感を抱くものです。

日本全国同じ顔のモールに観光で行く人はいません。生活用品だけを求めていくだけでしょう。

それと同じことが人口の集中する都市には言えるのです。ということは文化程度が一定の基準以上にならないから実家のある街を出て、文化程度が一定に集中する町へ移動してきたといえるわけです。

これは不変の条件であり、例えば《フランスのパリ》は永遠にパリの文化を持っており、ニューヨークは《ニューヨークの豊かさ》をもっていて、人をひきつけているということに通じるわけでしょう。

今、人を引き付けていない都市なら今後もひきつけない状況があるし、日本経済自体が一つの都市を応援してくれることもありませんから、出来れば不動産投資の候補から外していただく方がよいでしょう。

つまり、不動産投資をたった一つの方向から分析してもこれほどの解析をしていただく必要があります。

但し、私がお勧めする以上、投資家を目指すあなたに同じように都市の分析をしていただこうとは思っていません。

現にもうすでに不動産投資の対象になる条件を満たす都市は、ここですよとお勧めしたので、あとはご自身で《それは本当かと確認する》だけでよいと思います。

すでに都市間の競争は終焉し、今後は今、繁栄している都市がさらに繁栄していく条件をもっているかどうかを問う時代に来ています。

同じ3千万円の投資がどれだけの利益を生む都市かはあなたの自由な発想で決めていただくことです。お金を用意して物件を購入し、利益を得て、楽しい生活を送るのは紛れもないあなたであるからです。

それでは具体的な例を挙げながら、私なら購入するかしないか、また、検討しているものをどのように選別するか見てみましょう。

【ケース1】

福岡市南区大橋にある新築から二十一年経ったアパートです。場所がいいので満室です。最初のオーナーから変わっていなければオーナーは丸儲けですので価格交渉はできるはずです。

ダミーでもう一社から極端に安く交渉価格を入れてもらうのもいいでしょう。どんなオーナーかわかります。

用途地域は第一種住居地域なので200パーセントの容積を取れます。前面道路は北側ですが平坦地で悪くないですね。

容積率は前面道路の幅に大きく制限されますから住居系の用途地域なら4メートルを確保した方が望ましいでしょう。許容制限は幅員（ふくいん）×4です。4メートルあれば4を掛けて160パーセント有効です。

200パーセントの容積率を満たすためには幅員5メートルが必要です。

つまり、セットバックという表現をしますが、敷地内にあと1メートル踏み込めば4メートル+1メートルで5メートル、5メートル×4で、200パーセントという制限いっぱいの容積が取れます。

勿論、道路が最初から5メートル以上ならセットバックする必要はありません。いずれも上限は200パーセント地域なら道路が広くても200パーセントまでとなります。商業系では掛ける数字は6となり、400パーセント制限なら7メートルなければ400パーセントに満たないことになります。

先程と同じように7メートル×6は420パーセントです。

420パーセントであっても許容値は400パーセントです。

最近は都市によって建築指導課との協議で800パーセント、1000パーセントなど空地をとることで制限が緩和される傾向にあります。

将来、100億円のビルを建設する話になればこの辺りの話が生きてくるでしょう。今のところ、中古の木造アパートしか興味がありませんので置いておきます。

話を戻すと、収入は年間210万円です。

木造二階建てで平均的な話に出てきたものとそっくりです。ロフト付きで独身者の好きそうな間取りとなっています。

急行の停まる駅まで1200メートル、しかも想定家賃は2万8千円です。駐車場が一台分あります。

不動産広告の表現方法で、徒歩1分は80メートルとなっています。さらに土地の広さは129平方メートル、約39坪、この辺りで坪30万円です。土地だけなら1千200万円です。高いですね。

しかし、収入から計算すると経費を引いても年間190万円は残ります。ということで年利廻り10パーセントからつけたのでしょう。売主が1千900万円という価格をつけています。

土地値の倍近いですから、少し考えましたがペット可ということにすればあと、一世帯1万円でも入居者はあるでしょう。

これだけで年間72万円増えそうです。282万円になりました。

これなら、あと一声かけて、1900万円を1700万円まで相談できるかもしれません。すると16・5パーセントの利回り物件となります。

利回り的には現在でも10パーセントですから購入しましょう。

アパートの固定資産税や都市計画税は知れていますので申し込むことにします。現在の管理会社のままで引き継ぐと値段交渉を熱心にやってくれることもあります。

何年経っても所有者が利回りで売値を決めている典型的な例です。

あなたが所有される時も多少古くても古さは関係ないのです。50年経っていても家賃が10パーセント入ってくれれば問題なしです。

どんなに新しくても家賃を生まないアパートなら価値はないと判断しましょう。


【ケース２】

福岡市博多区博多駅に徒歩十分で行ける場所です。

土地の面積は１４９・95平方メートル、45坪です。店舗住宅です。

１９６０年ですから五十四年ものです。営業中で長い営業をされているのでしょう。

年収は75万６０００円、用途地域は準工業地域で基本的に何をしてもいい地区です。

容積２００パーセント、北側に6メートルの公道があり悪くないですね。

この辺りは坪単価30万円以上でしょう。

1千３５０万円というところでしょうか、しかし1千１５０万円の希望価格ですがテナントが出る気配がないので利回り計算しましょう。６・５パーセントです。厳しいですね。

現金で購入する以外に利益は出ません。五年経てば利回りが10パーセントになりますが価格交渉しないと面白くないです。

９５０万円ではどうでしょうか。

場所は良いけれど、立ち退くまで価値がありません。

国の路線価は坪28万７０００円だそうです。これでも８パーセントですから保留します。

【ケース３】

今度は福岡市城南区荒江一丁目です。

この辺りは環境がいいのでやはり坪単価は40万円近いでしょう。土地は89・96平方メートルで、27坪しかありません。東京の都心ならこれくらいで我慢しないと。

戸建用地ですが、アパートがよく建ったなという物件です。

１Kが二世帯、２Kが二世帯です。年収１０８万円です。

売主希望売却額は１千２００万円、東側に３・１メートルの公道が５・５メートル接していています。東京では私道が多いのでそれに比べるとセットバック45センチ必要ですが許容範囲です。

この計算方法を説明すると前面道路が３・１メートルしかありませんので基本的に建物を建てるための条件、幅員４メートル以上の道路に２メートル以上接していることを満たしていません。

道路幅を４メートルにするためにセットバックします。すると90センチ足りませんから自分の敷地内に90センチセットバックするのかというと、道路の向こうの人も同じように負担することになっていますから道路の中心まで２メートルあればいいということになっています。

つまり、45センチをセットバックすれば、あとは道路の向こう側の所有者が同じように45センチをセットバックするというわけです。

但し、法律はあとからできたものが多いので強制的に今の状態を変更させることはできません。新しく建物を建てるときに適用される法律ということです。

勿論、都市計画というものが制定されて道路を予定していますという土地があります。ここは時期が来れば強制的に移転をさせられます。

所有者の権利は国が保証していますが、国が行政の予定として執行する場合、国民としては補償金も出るので立ち退くべきでしょう。

すでに計画道路が予定されている土地に建物を建てる場合は補償の対象とはならないことが多いのです。

しかも木造二階建程度に制限を受けます。つまり、国の事業に対する反政府活動に当たり、自己責任です。

この話ではどのように古い建物であってもその建物を別の場所に建てる場合必要な費用が補償金として認められているようです。

古いから古い価値で保障されても新築費用は出ませんから当然でしょう。

こんなところに古いアパートがあれば立ち退き費用もいらないし、近くに土地を購入すれば新築で同規模のアパートを建てることができるということです。

道路予定地内のアパートを探すのも面白いでしょう。但し、同じ敷地内といっても計画に入らない部分に建てるのは問題ありません。

さて、話を戻します。

あと一声下げていただき、購入してもいいと思います。十年後にも再売り可能でしょう。

【ケース4】

福岡市博多区吉塚五丁目、JR吉塚駅から徒歩七分の好立地です。七分と言えば80メートルかけて、560メートルですからほぼ駅のそばです。

一九八二年の新築ですがアルミサイディング貼りでペイントだけで新築のようになるでしょう。

建築物の新築表現ですが改装・増築などと区別するための表現です。1982年に新規に建てられましたということです。用途地域はここも準工業地域で少し工場もある所です。

木造二階建てで六世帯、理想的です。道路が北側に2・2メートル幅、私道です。新築時にはセットバックとなります。これは改装工事に限ります。

価格は1千380万円、収入は記載されていませんが、平均的に年収360万円程度です。

希望価格が低いので3万円の六世帯でしょうか。月額18万円で年収が216万円です。1千200万円で交渉しましょう。

それにしても安いです。

利回りで行くと15・6パーセント、売主は自信がないようですが外装と内装を仕上げてペット可にして、家賃を5万円まで持ち上げれば３６０万円に早変わりです。

ここも外壁塗装工事で20万円でしょう。

内部が一世帯30万円かけて設備を入れ替えます。１８０万円と20万円で２００万円投資します。

３６０万円の年収で15パーセントなら2千万円ですが、３千万円で売却掛けましょう。それでも12パーセントの利回りです。

さらにリフォームというよりリノベーションを実施するだけで1千２００万円で手に入れて２００万円投資して美装、１千６００万円利益が出れば悪くないですね。

所有すれば1千４００万円の取得で25・７パーセントの利回り物件です。

具体的に広告されているものの中からピックアップしてどんな工事をしていくらの価格を付けるかや、賃貸で所有するか売却するかなどに振り分けてきましたが経験でいかようにも出来ます。

さらにオーナーはあなたですから自由に決めることになり、利益も年収５００万円だったあなたが一挙に1千４００万円の利益をたった一軒の古いアパートを購入しただけで得る法人の社長になるのです。

数件処理すれば先が見えてきませんか。

不動産は相場と利回りですが、収益物件について言えば利回りだけで判断します。

ですから、安ければ安いほど、さらに駅に近ければ近いほど、その物件は賃貸入居者に受けがいいということです。

つまり、売り易くなりますし、満室にもなりやすいのです。簡単すぎて気が抜けるほどだというのがお判りでしょう。こんな風なので最初からやろうと決めればできますよという話をしました。

Ⅱ　不動産投資の面白さ ― 実践例

具体的な実務について

さて、話を戻しましょう。

何もしないというのが現実に近いのですが、しいて言えば私の場合は、今は契約日と決済日に各々数時間自由を奪われているくらいです。

準備期間が必要なため社員がその準備にあたるのですが、私の担当は仕入れる現場を自分の目で確認して、売れるものかどうかを判断します。

重要事項説明書は契約前に仲介担当者が確認することになっていますが、ほとんどの物件について何を判断すべきかが分かっているので要点だけを押さえます。

確かに三十年の経験が土台になってはいますが、通常は二物件も現場を踏めばことは足ります。

税金についても、収入が1千500万円までは節税を心掛け、それ以上の収入になったところで、税理士さんに確認を取るくらいで良いのではないでしょうか。

しかし、経理関係のお話についても徐々に理解をしていただきます。法人化していれば特にそうですが決算は毎年やってくるし、どこを触れば黒字になり、より有利に経営していけるかなど自分で判断することが重要になってくるからです。

税理士さんも人間ですから、間違えることもあるでしょう。しかし、間違えば大きな損失につながるかもしれません。

必ず、決算書を手にして納税額の概算値くらいは自分で弾いてみましょう。自分で思っている数字と差が大きければ、どこに間違いがあったかを理解することも重要です。難しいことは何もありません。

複雑にして話が見えないようにしている人たちがいるのですが、それはそれでざっとした利益だけなら「売上－経費」で十分です。

代表者の取り分は、最初から決めておかないと経費になりませんから注意しましょう。儲かったと思ってどんどん使うと税金対策が追い付かず大きな追徴を掛けられるという本末転倒劇が待っています。

注意していただきたい事

さて、この本では不動産投資で利益を上げることができるのに、お金の使い方が間違っていると不動産を手放して納税することになることがないように本当の資産家になるまでの注意点も織り交ぜてお話しします。

控除についても自分で記載しない限りは自動的に控除されるようなサービスは忙しくて実施できないのです。すべて自己責任で節税してください。日本の税制は税務署職員でさえよく理解していません。それは毎年、毎年、足したり引いたりしているために、どんどん複雑になっているということです。

私も以前、そのような関係で毎年のように条例が付け加えられる法律を苦々しく思っていました。

それから、不動産投資には不動産関連の資格は何もいりませんが、購入するにあたって素早い判断ができるように様々に物件で購入の試案をしてみましょう。

毎月の利子支払いについてはシャープから金融計算機「EL-K622」が発売されていま

す。これを使って利益の計算をしてみましょう。このコンパクトな計算機は、一般的な複利計算、積立預金計算、外貨預金計算、ローン計算に関してのシミュレーション計算等ができる優れモノで、銀行をはじめ、多くの金融関係者、不動産業者が使用していいます。

ひとつ言えることは、残念なことですが、証券や為替の方が一般的にリスク高にもかかわらず、熱心に宣伝される傾向にあるということです。広告しなければ人が寄り付かないのは、それだけリスクが高いということです。

銀行の担当者にもノルマがあり、なんとか達成したい一心で損をさせるかもしれないものも勧めてきます。

これは良くてこれはダメという線を引いておくことをお勧めします。その点、不動産投資はおいしい広告は打てません。業法で厳しく制限されているからです。唯一、自浄能力がある業界かもしれません。

ことわざに《実るほど頭をたれる稲穂かな》というのがあり、《金持ち喧嘩せず》というのもあります。

これが実践できる人とできない人の差は生まれ育ちということが言われているとおり

です。但し、徐々にそのようになる人もいますが、どんなにお金を持っていても卑しい人はいます。

お金は自分を愛してくれる人のところにしか行きたいとは思わないのです。

投資家はお金を使用して、世界に貢献しているという強い自負をもっていいと思います。少なくとも一般の方より多くの税金を国家に納めて社会貢献をしているのですから、褒められることはあっても非難されることはありません。

そんなあなたには必ず、お金が集まってきます。

この本の中で書いているようにしていけばお金は自然とあなたの口座に集まってきます。

なりたい人だけがなれる

人がなれてあなたがなれないのは、あなたが資産家を希望しないというだけのシンプルな理由です。最初はみんなそうですから、いつ踏み出す気持ちになるかだけです。

ポイントは格安の物件にぶち当たった時にはすぐに反応してすぐに購入申し込みをすることです。

あなたがこのポイントを押さえれば、将来は輝いたものになるのです。

そんなものあるわけがないという方がいますが、例えば、私が売却する戸建業者向きの土地、これはすでに購入申し込みがあって敷地の区割りが終わって造成工事の見積もり調整をしているという段階で契約するのですが、相場のほぼ半分の価格です。

高く売ることで時間をかけるのは《資金の停滞を招く》ので、私の場合は半値でもお譲りすることにしています。こんなことは日常よくありますから気を付けて探してみましょう。

特に年末には年越しの資金繰りでお金を必要とする法人も多く、そのため、こんな値段でいいのですかという、いわば換金目的の売却も多々みられます。

私もそのような年越し売却物件でしたので格安で手に入り、全く損することなく半値商売ができるわけです。

購入してほぼ一年で決済となりますが、実際に投資資金は有利な利率で回収できます。

つまり、安い物件というのは出てくるので、すぐにこれは安いとかこれは利回りを計算できるとか、瞬時に判断できるかどうかが重要でしょう。

確実に購入していけば、手数料を規定以上に奮発してもそれは必ず返ってきます。よく目先のことしか考えない法人や投資家がいて、手数料を削ろうとします。3パーセントを2パーセントにするとか、規定で1・5パーセントだとかいうところがありますが、そんな買い手に良い物件が集まるわけがないことを理解しましょう。

何度でも繰り返しますが、不動産投資は購入する時が最大のチャンスです。

何とかして売りたいと必死の人が必ずいますから、半値の物件は出てくるのがこの世の定めです。その安い物件を手に入れてください。

安く買えれば、不動産投資に失敗はないということです。

物件を安く仕入れれば、その時点でもう利益が出ているわけですから、古いアパートでもお金をかけて綺麗にお化粧しましょう。三十年経っていようと新築のように変身させられるのが不動産物件です。

資金があるときほど良い物件を選んで購入してください。

資金は有効に使うことです。過去に何度も株は落ち込み、不動産価格は底を見てきましたが、誰もが生き延びてきました。みんなどこかに住みながら生きていたのです。

つまり、いつも歴史は繰り返すのです。

今後は絶対に不動産など価値が上がることはないという話をバブル崩壊やリーマンショックの後で囁く人が多くいました。

「二度と不動産は高くならない」

この言葉を使っていた人たちは安く仕入れるためにはこの呪文が必要だっただけです。永遠のループ状に不動産は価格の上下を繰り返します。

理由は簡単です。この経済的な理由によって世界は紛争を繰り返しています。そのような歴史を確認してください。

不動産投資だけがこの法則を有します。だからあなたはこの不動産投資に目覚めればよいのです。あなたが所有することになる不動産にはあなたの名前以外は所有権の部分にありません。

この法則を有効に使うことを学べば、銀行の担当者は安心してあなたに融資をしてくれます。あなたは銀行にとって安心できる判断の能力を備えた借り手となるからです。

株で失敗する人の多くはブームになった時に始め、ブームが去って損をしつつ売却するということで、損をするのは買い時・売り時を間違った人というのが共通した見方です。

物事は論理的に考えましょう。単純化しても良いのです。安ければ購入、高くなって売却。実にシンプルですね。株を所有した場合は、その法人の能力次第で、しかも倒産すれば株の価値はゼロになります。

不動産はどうでしょうか。

価値が下がったといえど使いようによっては以前の利益の数倍を生み出す物件にもなることです。時期や時間などはほぼ変わりません。

不動産の家賃相場について周辺環境の変化に合わせるという法律の条文がありますが、あまり意味はないようです。この家賃を下げるという行為をしているのは一部の不届きな賃貸専門の企業グループでしょう。

つまり、早く入居者を入れるために努力しないで所有者を泣かせて自分たちの手数料は確保するというやり方で、これは業界の恥です。

もっとも値段を安くする方法は自分たちの首を絞めるということにつながるので、資本主義経済ではあっても、なすべきことではないでしょう。

その物件が十分に投下資本を回収した十年後ならそれも良いでしょう。不動産投資は始めることが出発点ではありますが、おそらくはいろいろな処に話が転がっています。

地元密着の不動産屋さんとお友達になりましょう。不動産屋も資産家ですから、がつがつしていませんし、お客様をだまそうとも思っていません。あなたと波長の合う不動産屋さんを見つけるのです。これで希望を言っておけば、時々情報をくれると思います。あなたの本気度が伝われば、懸命に努力してくれるはずです。冷やかしはどんな業種でも嫌われるのでやめましょう。

株で負ける人の性格ははっきりしています。高くなってから購入する人です。高くなったところで売る人はプロですね。

みんなを煽りまくって値段を上がると見せて売りに出す。少しでもプラスになればプロとしてはプライドが許せます。毎回勝つことが彼らのエネルギーです。不動産は時を選びません。

しかし、お勧めは安いときに購入する。ブームになったら利益確定する。一挙に大金を掴んで、口座に入れたままじっとブームの過ぎるのを待つ。ほとんど何もしないのですが、これをできる人にしか天使は微笑まないのです。

実際にどこまでの物件をそろえるのかは、どれくらいの余剰資金で暮らすのかということに関連するわけですが、月収５００万円程度で個人であれば十分ではないでしょうか。

年間税引き前収入が６千万円、最初の出だしが二棟の合計価格で６千万円でしたから利回り８パーセントとして計算しました。

これでいくと資産６億円ということになります。売ってしまえば返済金がどれほど残るのかわかりませんが、十年後ならほとんど手取りとなります。自分でもびっくりの資産家でしょう。

この間に自宅を建てて、家族も増えてやることはしっかりして来たので物欲という欲望はなく、子供たちの将来を考えることくらいになります。

多くの仲介に携わってきましたが当然のことながら、十年間一度も損をしていません。利益が少ないときもありますが、それは少ないときに手放しただけで基本的に所有者の希望です。中には、利益を多く望む人もいて相場より高めで売却して手数料を半分にされたこともあります。相場より高く売ってほしい人は手数料も削るような人です。

年収１千万円を超えるところまで来ているあなたはここまで読んでくると次の方法があるのかと興味持っていただいているでしょう。実はあるのです。

おそらく、日夜仕事で身を削っている、あなたはこの本を読むこと自体もつらく、それでも現状を変えようと思っているはずです。

そんなあなたの気持ちを思うと私も奥の手を開示したくなります。

それは不動産投資の何たるかをここまでの実際の例の中で理解されたという前提で実行していただくということです。

資金の準備

年収1千万円以上のあなたは職種も世間からも申し分なしで融資を申し込めば、不動産収益物件の場合に限って銀行は喜んで融資するはずです。しかも最初から不動産の実力を含めて2億円は問題ありません。

我々不動産業者が最も簡単に不動産投資家にできる対象があなたのような方です。

つまり、問題なく2億円が融資されると何が起きるか、今までの話で推測していただくことは簡単でしょう。

残念なことは10パーセント利回りといった対象物件が、ほとんどないということです。しかし、物は考えようです。時間を掛けずに、利回り8パーセントなら、年間1千600万円の収入が突然発生するわけです。10パーセントの2千万円は欲しかったというのは欲張りすぎです。ここは8パーセントの2億円で抑えておきます。

このクラスになりますと物件の見方を変えていきます。鉄筋コンクリート造陸屋根(りくやね)という構造になります。中には鉄骨造というものもありますが大体歪みが生じるという欠点があるので対象から外しましょう。

阪神淡路大震災の時に神戸の街で傾いたビル、倒壊したビルの写真をご覧になったことがあると思いますが、建築基準法は災害が起こるたびに法律で建物構造を強化するようにしてきました。

この神戸のビル災害を決定づけたのは昭和五十六年六月一日に改正された新耐震構造基準を備えているかどうかでした（平成六年改正、平成十六年改正）。

それ以前の基準で建てられたものは倒壊や被害が著しく、その基準で建ったビルは被害がなかったことで新耐震構造の基準の優秀さが証明されました。ということで最低の条件は昭和五十八年以降の竣工物件のみです。

法律が出来、計画図面が出来て建物が完成するのがこれ以降でしょう。さらに言えば、陸屋根という屋上が水平面でできている建築物が大半ですが、これが曲者で年月が経てば必ずといってよいほどに太陽熱や風雨によって痛みます。なかには手入れが行き届かずにひびを放置した結果、雨水がコンクリートを浸食し、中の鉄筋まで到達すると錆を生じて、膨らみ、ついにはさらなる被害として雨漏りまで生じるようになります。

こうなると構造体に影響します。つまり、耐久性を劣化させますので購入物件としては不適格です。少なくとも修繕履歴データを取り寄せて、定期的なエレベーター検査と屋根の防水工事を五年ごとに行ったものを対象とします。長年のうちに痛む部分は配管設備です。いままでは配管を取り換えることなく、内部を新しく被覆できる技術がありますので工事しているかしていないかのチェックをしましょう。

あとは入居者の気持ちになって物件を見た場合、どこが問題か、美装も含めてご覧になり、表面だけでも塗装をし直す必要があれば価格の交渉時に工事代金分を引いてもらうようにしましょう。2億円の購入可能者はそれほど存在しません。

その他、敷金は日本中で同じ基準の取り扱いがなされていないようです。以前、入居時に敷金三カ月分などを先取りしていた時代がありましたが、関西の一部を除き、最近の裁判所判例ではことごとく、入居者の権利が優先されています。基本的な考え方は宿泊施設に宿泊した状態と同等という考えです。

ホテルに泊まった客に対して壁紙を変えて出ていくように要求しないのと同じことが所有者に求められています。

経年劣化による傷みは、入居者が故意に変化させたわけではないので敷金は基本的に全額入居者に返還するという流れです。

これに対抗して入居時にどうしても余計なお金を取ろうとするところがあって、礼金や敷金から一カ月分を最初から返さないという慣習を作っている地区があります。

あなたが購入する建物も以前から入っているテナントは敷金を多ければ家賃の十カ月分、マンションでは三カ月分保管していることになっています。

資金不足の管理会社だと、この保管している敷金に手を付けて倒産してしまい、所有者が返金負担するという話もあります。必ず、敷金の保管はご自分でしてください。売買の成立後、決済日を境にこの敷金は全額購入するあなたに移行します。ここはチェックです。

また、決済日からの固定資産税、都市計画税についても前日付で売主買主按分します。地域によって税金の負担開始を四月一日から、または一月一日としたりするので慣習に従ってください。

さて、一棟を購入出来て、すぐに収入は増えます。

それから頭金なしの場合の返済金額ですが、十年百二十回で金利2パーセントとすれば、月額で約184万円です。収入が133万円ですから50万円は手出しとなります。今度は、二十年で二百四十回にしてみましょう。月額で約100万円です。

いかがでしょうか？　おそらく、月に20万円程度が増えるだけです。結局、こんな大きな物件を最初から融資で購入すると無理があるということです。

不動産の価値とあなたの年収をもってしても2億円の物件を全額借入で購入すれば、買わない方が良い結果となります。

但し、生活費に問題のないあなたに将来の毎年の不労所得1千600万円は魅力です。しかも、あなたが支払ったわけではなく入居者が支払ってくれた資産です。なんとなく資産は良いものに思えるでしょう。不動産とはそういうものです。

本当に支払いが終わってみれば年間1千600万円は確かな収入です。小さいアパートを購入して、実績を積んで数年後には一部を売却して自己資金を膨らませた後に、このような物件を購入する。

その時は半分を自己資金でまかなえば返済は少なく出来るし、売却する時期が来れば大きなリターンとなるということです。自動車でいえば、不動産投資のうちアパート経営というものはターボ付きエンジンに変化したと思っていただくとよいでしょう。

確かにスピードは速くなったが燃費もそれなりになった。

つまり経費が掛かるということです。毎月エレベーターメンテナンス費用が数万円もかかります。

アパートにはエレベーターがないので、それだけ経費が掛からないということです。それでも他の車と比べたら、すごく速いということです。

ターボ付きなので同じように興味のある人にとって魅力的ですから売却すれば当然売れます。そしてステップアップすることを繰り返して、最終目標地へ行くということになります。

間違いないのは最終地を決めるのはあなたであり、他の誰でもありません。つまり、不動産投資に限っては誰からも停止命令を受けないのです。

なぜなら、常にプラスで移行するので止めようがないのです。止める状況として考えられるのは、売却目的のため、入居者に立ち退いてもらうという場合でしょうか。

そのまま置いておけば家賃を生んでくれるわけですから、いつでも引き取り手は現れるでしょう。

実践的体験談

以下は、皆様の参考になればと考え、私が今まで経験・体験してきたことを「エピソード」として、思いつくままに記したものです。

＊

私が、最初に従事した企業の代表者はどんな時も現場を自分で踏むことを怠りませんでした。

時間がなくても夜中の０時であっても土地を見に行くので、案内するときに下見をしておくのは当然です。

彼が折に触れて言った言葉の一つに『地下をうろうろするな』というのがありました。東京の物件を買い付ける場合、地下鉄で移動していては、どういう周辺環境や動線上にあるかとか人の動きと交通状況などを理解できないだろうという理由でした。

ですから、東京出張時、移動はすべてタクシーを使うことになっていました。レンタカーも駄目でした、それは、自分で運転すると詳細を観察できないからです。

ホテルも超一流のホテルを見てくるという内規があって、それで地方の不動産屋の従業員たちが泊まるようなレベルではない部屋を調査できました。

三十年後の今でも値段でホテルを決めることなく、逆に最高のホテルを見て歩くようにしています。経費の使い方を間違うと効果が半減します。うまく使えば三十年後でも話のネタにできるでしょう。

もしあの時、安宿に泊まっていたなら、どこに泊まったかさえ忘れたかもしれません。人生の過ごし方というのは、その人の価値判断がどこにあるかを的確に見せてくれますし、勿論この本をご覧になってさらには不動産道に興味をもたれる、あなたには一流の道を歩いていただきたいと切に願うところです。

そして立地を考えた投資など今は意味がありません。昔は立地という条件が重要でしたが、現代では人はあふれていますから、人が住んでいない町など東京にはないでしょう。

インターネットの発達によって、現在はグーグルマップのストリートビューという機能を利用すれば、何度でもその地点の画像を四方八方から観察できますが、昭和の終わり頃にはヘリコプターをチャーターして上空から写真を撮るという、今では考えられない手段を使っていました。

ヘリを三十分くらいチャーターした際、約25万円を支払った記憶があります。

当時の売上高は、その法人単体で１００億円に達していたので福岡では大きな会社です。そのころはまだ大手の不動産管理法人が仲介業もしていませんでしたし、賃貸業などにも当然進出してはいませんでした。

なにしろ、地図情報会社として有名なゼンリンも《善隣》という名称だった時代で地価公示価格もなく、相場はほとんどいい加減であったので、相場は不動産業者が適当に口にしていたように思います。

この法人が、ほかの不動産業者と違っていたのは地価表示価格を表示する半年単位の「地価相場単行本」を発行している法人の代表者と地価を形成していたことです。

地価を示すこの単行本は福岡市では不動産業者のバイブルでした。そしてわが社は、次々に大きな通りに面した誰もが欲しがる土地を購入していくのですが、この営業の展開方法が斬新でした。

まだ世間で地上げという言葉ができる以前、この代表者は主要な通りに面した優良な土地を次々に購入しては先程の地価本を使って価格の調整をしました。

不動産業がこちらサイドでできるため、これほど面白かった時代はないし、この方法で利益を出していたのはこの法人だけでした。

当時、空からどの辺が空地で発展性があるかなどと見ている不動産屋は日本広しといえども存在していなかったでしょう。

現在は、その土地に何を建ててどのような価格設定をすれば一般顧客が購入できるかという最終計算に基づいた土地購入段階の計算方法をしっかり取るので土地の価格が暴騰することはありません。暴騰しても売却できないので最終的には下がるということです。

この計算ができない時代がバブルを生みました。価格優先ではなく利益優先で意味もなく価格だけが高騰していったということです。

リーマンショックの発端となったサブプライムローンの如しです。明日は価格が上がるだろうから金を使えですから、アメリカ人も日本人も同じようなものでしょう。

さて、現場調査ですが、購入物件（土地）の上に、どれほどのものが建つのかは周りを見れば大体のことがわかります。

高さ制限や許容容積率は周辺と一緒と思えばよいでしょう。用途地域という制限がかかっているのですがブロック内でそれが違っていることはほとんどありません。ですから、隣の建物を見ればこの程度の高さまでは建つと判断できます。

現地に行ったら、第一に土地の敷地四隅には金属の小さな板が張り付けてあるか、またはセメントの小さな柱が植え付けられているかを探します。なければ、引き渡しまでに測量士に測量してもらうのが普通です。この場合、隣地の所有者にも立ち会ってもらうことは当然です。

自分の土地と隣地所有者の土地との境を決める作業ですので、一人で勝手にここだというわけにはいかないわけです。

さらに言うと公道という町や県、国が所有している道路に面している必要があり、この接触幅にも制限があるので制限より少なければ建物の建築ができないこともあるので2メートルをクリアする土地であることを確認してください。

しかも、その接する道路の幅は4メートル以上の幅がないと許可された建物を建てることはできないのです。道路の幅が広ければ広いほどその土地の価値は上がります。

話を戻しますが、測量の段階で隣地の所有者と道路の所有者が立ち会ってくれる時に承認印をもらいます。それで、確定測量図というものが出来上がります。これは法務局において登記をする場合も正式な面積として登記できます。

さらに売主に土質調査をお願いすれば、過去にそこがなんであったかなど地下深くまで調査できます。池や沼であれば、建物を建てたときに不安定なことになる可能性があります。念のため土地の古地図を市役所で調べることも必要でしょう。

購入する場所が江戸時代には川だったとか、海だったとかわかるだけでも値段の交渉ポイントになります。

例えば、そこにアパートが建っているとしても経歴を見ることは可能です。登記簿のうち、閉鎖された登記簿が存在します。コンピュータに移行されて、登記される以前に手書きで書かれたものが江戸や明治の時代まで日本の戸籍制度は残っていることがありますので是非、確認してみてはいかがでしょうか。

また登記簿に抵当権が設定されていることがよくありますし、融資を受けて購入する場合も抵当権を設定します。

この抵当権のうち、抵当権の文字の前に「根」、〝ね〟と読みますが、この根抵当権という意味はその物件の持つ価値に対して、もっと貸しても良いという制限枠を示すものです。実際にはそこまで融資していないのですが……。

ある銀行の根抵当権が1億円となっていれば、「1億円まで」貸してくれるという意味です。ですから実際に1億円借りているという意味ではありません。

半分程度しか借りていないこともあるので、ただ単に融資枠と判断しましょう。逆に借りた額に少しだけ乗せて記入してあることもあるので何とも言いようがありません。

では、実際にその物件の価値を示すものはないのかといいますと不動産評価額という市や県が算定する税金を掛けるときの、その時点での評価を示す金額があります。

これが相場の70パーセントくらいでしょうか、実際の取引額より下回って設定されています。実際は評価額以上の価値があるのが普通のようです。

相場を下回ってつけているのは、実勢価格が常に上下するものであるので多くつけすぎると課税対象の金額が実勢価格を反映しなくなった場合、払い戻すようなことも生じるのでこれを避けるために少なく表示しているようです。

特に、地方の山林にあっては、いまだに明らかに数万坪という規模でさえ、５００坪程度の表示になっていることもありますので、確定測量の済んだもの以外は実面積としてとらえるのは無理があります。

実取引で公簿面積の方が多いと判断すれば別ですが、少ないと判断した時には喜んで登記面積で取引するというふうに購入することにしましょう。

いろいろな取引方法がありますので経験豊かなアドバイザーを味方にすることは多くの利益につながります。

*

昭和五十年代中ごろの不動産業最先端法人の話です。

購入して翌日売っても税金が極端に高いこともなく、25パーセント程度の所得税以外は不要でした。最短は当然、当日購入、決済、当日売却です。

例えば、博多駅前四丁目の角地を購入したのは、坪25万円。大手の衣料会社に販売したのが坪50万円、敷地面積は約２００坪。これで当時は５千万円。満足のできる利益でありました。

もっと駅近くの土地は購入できなかったのですが、４００坪で坪50万円を提示しましたが、実際に動いた価格は坪１２０万円ほど、現在なら十倍くらいは値がつくだろうと思います。

このように同じ時期に土地の価格は、その時の売却人の都合によって大きく変わってきます。倒産して債権者への配当が低い物件は、それこそ価格が相場の六割程度ということもありました。

裁判所は、人のお金のことなので１円でも多く取り返すという気持ちがなく、すぐにお金に代わって一件落着させることを考えますので、低くなりがちです。

但し、良い物件には多くの関心が集まるので、相場以上に過熱することもあるので購入価格を最初から決めておく方をお勧めします。これには当然のごとく、アパートなどの収益物も出てくるので、うまくいけば入居者付で安価に手に入ることもあるわけです。

これも不況になると増えるので、不況を待って購入することが正解。価格が上がりきる、融資枠拡大期には相場以上にお金が膨らみ、競合相手が増えるので残念ながらお勧めできません。

誰もこの情報をもっていないというものにこそ価値があるのです。同じものを購入するとなると、おのずと価格は上昇し、買うに値しなくなります。こうしてバブルが始まり、多くの人が自分の家を売り郊外に転居しましたが、不動産投資も最盛期を迎えたところで終わりを告げました。

平成二年三月の通達によってバブルの融資総量規制と総利益総税金規制で五年以内の短期売買にはほとんど利益が出なくなり、日本の不動産業は平成三年から十五年間ほど死んでしまうことになったのです。

但し、融資が止まっただけなので現金があれば、再び地価が下がったおかげで収益建物は、選り取り見取りで利回り20パーセントという物件がぞろぞろと売りに出されたのもこのバブル崩壊後のことでした。誰もお金がないので需要ゼロです。銀行からの催促は矢の如く、しかも朝から夜まで続く。売却することが至上命令であった頃がありました。金さえあれば商売は簡単です。それも溢れるほどの資金があればさらに資産は増えていくわけです。

誰も購入できない融資規制の時代は天国でした。数千億の物件さえ一桁で購入できるような仕組みを考えた人間は多くの日本人の生き血を吸ったわけです。

もちろん株価も底を打ったので、平均株価は三分の一まで下がって高値買いしていた人たちは、これから十数年間資金を動かせない時代が続きました。世にいう塩漬け時代の到来です。

一方、バブルでも儲かり、融資規制でも儲かる。今なら、このような規制が始まれば、どれだけ今後の利益を見込まれ、笑いが止まらないほど先読みができると思えます。誰も経験者がいないと過去を研究するところだけが利益を掴む、というより、この状況を演出して強制的に利益を生み出す方法を考えた法人は狡猾だが偉いともいえます。いまなら、じっと耐えれば必ず回復すると分かっているので多くの法人は銀行の命令など無視するでしょう。

残念なことに安倍政権が経済の最大法則を実践したため、今後は経済を操るためには日本のバブル期の経済上昇を目指して、インフレにならないような舵取りで日本銀行が資金を放出すれば景気は簡単に回復すると世界に知らしめた功績は大きいのではないでしょうか。

*

家賃収入で暮らすというのは理想だと思います。

サラリーマンのあなたが、自分の給与と同額の収入を家賃収入で得ることは、実は簡単なのです。

年間の収入に見合う物件を手に入れるのが条件ですが、いずれにしろ「やってみよう」と思う意志が必要です。要は、一定の現金があれば実現可能です。

年収が５００万円なら、同額の収入を得ることのできる物件を現金で購入すればよいだけ。二〇一四年時点では大方、利回りで10パーセントなどという好物件の存在はありません。せいぜい８パーセントくらいなら何とか手にすることができます。

総額としては６千２５０万円で年収５００万円（税込）を手にできます。

蛇足ですが、平成の一桁から十五年くらいまでは利回り15パーセント以上の収益物件がごろごろしていたことがありました。

いつまたそんなチャンスが来るか分かりませんが、チャンスをつかむためには常にその状態を心して待つことが条件といえます。

もしも、そのチャンスが来ても自分の口座に１円もなければ神様はあなたには微笑んでくれません。常に来たるべきチャンスに備えている人だけが、飛躍できるというわけです。

もしも、その時に一棟だけでもアパート経営をしていれば実績、経験ともにあるわけですから、銀行の融資条件でも不可とはなりません。

年間15パーセントもまわる物件に対して銀行が金を貸さないわけがないのです。そのチャンスを生かすために、今は安定した収入だけで我慢することも決して無駄ではありません。

不動産投資の場合、臥薪嘗胆（がしんしょうたん）ということがなく、表現に厳しさがないため、根性物の表現にはなりませんが、そこがこの不動産業を大きく飛躍させる原動力であるというのは本当です。

6千250万円を自身で用意できれば、左団扇で自由な人生が待っているのです。おそらくは店子が退去した時の次の募集時に気を使うくらいのものです。

それも家賃保証してくれる大手の管理会社に依頼すれば問題なく自由が待っています。福岡市で最大の管理会社の年間管理収入は税引後、およそ4億円といわれています。この管理会社に家賃保証してもらえば怖いものなしです。

安定した収入を得ているあなたを銀行もほってておきません。

「融資しますから物件を買いませんか」という話が続々とやってきます。

年収５００万円は、いつの間にか借金も増えるかわりに収入も倍増していきます。

さて、【私はそこまでの収入が必要なのか】と考えることのできる人は、ここで投資をやめて自由だけを満喫しましょう。

但し、今までの話のように一棟だけではとても不安定な投資でありますから、ここで先に進まないことはリスクを負う率が高くなるのです。せめて三棟は所有・経営しましょう。その方が税金面でも有利です。

アパートは十世帯くらいから事業としての地位を得るようです。そうすることで経費面での控除も増えていきます。

これは規模によるので利益が出ていれば税理士さんへ節税相談して申告も相談することでびっくりの方法を教えてくれることがあります。

あなたはこれで十分な収入と安定感、数年後には売却して新しい物件を購入しても良い状況になります。

しかし、人間の欲望には限りがありません。

銀行が購入を許してくれる限り、あなたが希望するなら、あなたが命名したビルが日本全国に建ちます。

収入は年収で数十億円までになっているかもしれません。しかし、それだけの目的での収入は意味がないことに気づきます。企業として社会貢献すれば意味が出てきます。

起業し、社員を雇い、管理会社を作り、社員に仕事を与えて給与を支払う、とても良いことをしています。それが代表者の能力ひとつでできます。

融資してくれた銀行で給与口座を開けば担当者の顔もほころびます。

税金も投資初期の数百倍納税できるようになり、国に還元する自分がとても誇らしいでしょう。

あなたの納める税金で多くの人の年金までもまかなっていくようなものです。間接的か、直接的かは別として、これが不動産の大手が現在していることです。

しかも最初の一歩は小さな不動産投資であったのです。

目標設定の大切さ

今まで述べてきたように皆様が不動産投資を始めるにはまず、目標をどこに置くかということが大事です。

例えば、自分は年収（家賃収入）を1千万円ほしい、と思えば1億円の現金を準備してください。

しかし、現実に1億円持っている人は焦って不動産などに手を出さないのが普通です。私も最初に数千万円を手にした時、不動産投資をして将来の財産を構築しようなどと考えることはなかったのです。

儲けを期待して株に走るのが関の山でしょうか。持ちなれないお金を手にすると人生はおかしくなります。それは不要なものを手に入れようとするからでしょう。

現金主義になることが、自分の所持している預貯金を冷静に把握する方法です。銀行にある金を使うというのは、今いくら所持しているかを把握させてくれません。これが資産をなくす大きな原因です。

現金を使って、ポケットの有り金を確認するという作業が資産を残す一番の方法です。

まずは資産を減らさないことが一番です。

そうであれば収益物件を手に入れることは理にかなっています。ほかのどんな投資方法より、リスクが少ない条件がそろっています。

*

もともと不動産業というのは免許の有無にかかわらず、自由業の最たるものでした。

落語にも大家さんと店子の話はよく出てきますし、そのころの風俗として住まいは長屋というのが決まりですね。

例えれば、いまでいうアパートのことでしょうが、のんびりとしていたのはそのころの家賃支払いの形態が年末一括だったのが理由でしょう。

大家さんも店子といえば自分の子供も同然という表現もあることですし、目くじら立てて家賃の回収をすることもなかったようです。

現在では、ご自身で店子である入居者と対峙する大家さんは少ないと思います。ほとんどが管理会社経由で、店子と直接、接する機会が少ない体制にしていますから。複数の不動産を所有するようになれば、すべての店子を管理するのは無理が生じます。

ここはプロの管理会社と管理契約をして収入のみを得ることが一番です（収入は少し

減りますが……）。

もしも、ご自身のお金のみで取得されたのでなければ、大きな心で働いてくれる皆さんに利益を分けてあげるのもいいことです。

私がこの世界に入ったのは、大手マンション販売のデベロッパーが山林分譲で財を成した昭和五十年代の中頃です。

そのころの不動産業者の労働時間は一日あたり二時間程度で固定的な時間ではなく仲間や情報発信者、土地所有者に売り買いの情報を得て売り買いの相手を探すという、極めてのんびりしたものでした。

*

あなたの目指す、不動産投資家はなんせ、フリーターに近い生活をしているにもかかわらず、収入はサラリーマンの数倍もあるわけですから、どこへ行こうと管理会社と電話がつながれば世界中どこにいても問題にはなりません。

つまり、あなたが望む生活はあなたが望まない限り実現しないということです。

とにかく、人生は遊びであると思うか、人生は重き荷を背負うて遠き道を行くと思うか、選択可能ですがどちらがいいでしょうと聞けば大体の人は自分の人生だから人にばかり使われたくないというのが本音でしょう。

そんなビジネスをしていた最初の時代が昭和五十年代でした。まだ消費税がない時代でしたが購入した土地やアパートを売ることでかなりの差額を手にできました。

ほとんどが免許は持っていませんでしたし、仲介時には免許業者と組んで仕事をしていました。手数料は折半です。責任はなくて半分もらえれば立派なものです。

不動産を購入すれば、まさに購入直後から自由と責任を負わされるのです。決済後にその土地から死体が出てきてもそれはその所有者が負担すべきで、先の所有者は責任を逃れる時代でした。いまでは売り手の責任が土壌にまでおよび、文化財に至っては売却を大きく左右することとなります。

昭和五十年代の不動産業は、自分で事務所を構えるとブローカーの人たちがたまり場として集まり、自然と商売が成立する、誰かが客を持っているもので売ったり買ったりが成立しました。仲介料は当時も契約額の3パーセントで今とほぼ変わりません。

対象物の価格は安かったのですが、家を建てるとか土地を手放して生活費にすることは、ずっと昔から日本では行われていたことですので無理はなかったのでしょう。

昭和三十三年（一九五八）に宅地建物取引免許は生まれました。昭和五十六年に宅地建物免許の資格試験方式が変わり、相当に難易度の高い試験になりました。

戦後間もなく不動産免許を取得した時代から比べれば随分と整備されたものです。最初の頃、不動産斡旋業は登録制であり、免許制ではなく届ければ誰でも開業できたようです。申し込めば合格ですから合格率が98パーセントという時代もありました。法律整備が急がれたのは詐欺が横行していたのが理由でしょう。

平成に入ってからも地面師という輩が生き残っていたようです。これは民事法の整備の遅れもあったと思います。彼らは、土地所有者が知らないうちに、偽造した印鑑証明書や委任状などを利用して、その土地の権利に関する詐欺を行う詐欺集団で、土地を売買して手付金をだまし取ったり、借金の抵当に入れるなど様々な手口がありました。

今では、やれ運転免許証を見せろだの、住民票を見せろだの、印鑑証明書やら様々に本人確認をして問題のなきようにしますし、いろいろな場所に監視カメラがあってあらゆるところから撮影されていて、どこにいても一度や二度はカメラに写ってしまいますが、当時は本人確認など出来はしませんから、善意に頼っていたわけです。

そうこうするうちに、印鑑証明や住民票程度は所有権移転に必要となってこれを逆手に取る輩が登場します。

気を付けていただくために手口の一例を紹介しておきます。

今では無理でしょうが、最初の手口は所有者の住民票の移動から始めます。市役所などの移動届出で本人になりすまし、転出届を提出します（現在は本人確認に免許証などの提示がいるので厳しいでしょう）。

役所は転出を受理して本人宛にはがきを送付して本人が自宅でそのはがきを受け取ります。そこで、彼らは、郵便が配達される頃に、本人に成りすまして所有者宅の門前で、いかにも本人のような顔をして家の前で掃除を始めます。

郵便屋さんが配達に来て、本人だと思ってはがきを渡してしまえば、そのはがきが本人証明となり、堂々と市役所に行って印鑑証明書と住民票が作れるというわけです。印鑑は移動先の住所を適当に設定してあるのでそんな住所があるかどうかすら分かりません。

これを所有者に成りすました人物が、その他人の所有する不動産を安価で売りさばきます。

所有者本人が住んでいますから物件確認は「借家人がいるので外からだけにしてく

れ」とか、「物件の引き渡しは借家人が出てからだ」などとごまかすわけです。

格安ですから支払いは急いでほしいとなれば相場の半額でしょう。

購入する側は売主本人の印鑑証明書と住民票、固定資産税評価証明書などを提示して本人であることの承認を裏付けてきますから司法書士も信じるほかはないのです。

契約は総額の一割程度ということで何の疑問も抱きません。購入する側はまともな物件をここまで安く購入できたので満足です。決済日までは銀行の申し込みやら大忙しです。成りすました人物は二度と購入者に会うことはないでしょう。

決済日にはまったく連絡が取れないということになります。しかも購入者側の指定する司法書士に印鑑証明書と實印が押された所有者移動書類に押印済となれば決済日まで疑うことはありません。

これで手付金が消えてなくなりますし、真実の所有者はひょっとすれば所有権を失うことにもなるでしょう。

成りすました所有者というのは善意の第三者に対して有効と思われます。

今でこそ、その場で携帯電話等で確認できるわけですが、こんな悪い連中が存在したから、とんでもなく難しい条件になってきたのでしょう。今でも確認の取れない物件は扱わないようにすべきです。

本人の証明に少しでも怪しいところがあれば突き詰めることは当然です。

基本的に私が購入する場合はどんなものでも誰かに購入を進められたら警戒します。

ほとんどこちらから攻めていくのが鉄則です。

*

不動産を取り扱うときに不動産免許は要りません。

意外に思われるかもしれませんが、不動産を購入するには取引免許が要らないことは当然ですが売却時も必要ないのです。

宅地建物取引業法が制定されたのはいうまでもなく、素人である個人を保護する目的を持つものです。

現在では、業者間取引においては自己責任で購入側は引き取りますが、業者でなければ、むしろ保護される立場のままですから、優位といえるでしょう。業者であれば誰もそんなことは自分で調べたらということにもなりますし、調べなかったらプロとして失策です。

*

市場経済に任せる方法。金は天下の廻りものという真実を言い当てた言葉があるように、金融緩和があって初めて経済は活性化します。

政府の借金が膨れたので金融引き締めをしますという政策はますます国家を不安定な方向へ持って行き、その政権はすぐに寿命を迎えます。

誰でもそうでしょうが自分のポケットにお金があれば商品を購入しますが、ないときには我慢するでしょう。市場経済はミクロの経済を反映しているだけです。

ですから、インフレまで行くのは問題ですが、徐々に緩和を進めることは決して経済政策において間違ってはいないということです。度が過ぎればどんなものでも問題があります が必要な措置です。

この流れを利用しながら、好況時には持ち駒を高く売り抜け、不況時には現金の続く限り、安くなった物件を購入し続けるというのがベストな不動産投資の方法です。通常でも売却はできますが時期を見るのは当然です。

住宅物件の価格に消費税はかかる場合とかからない場合があります。購入する住宅物件の所有者、つまり売主が一般の消費者か不動産会社等なのかで決まります。一般消費者の場合、消費税は課税されません。

所有しているだけで特別に税金がかかることもありますが、これは時期的なもので放出を促す政府の方針変更によるものです。

当然、所有者であるあなたがその時にまだ値が上がると思えば、なんらかの手段をとって、売却を遅らせるということは許されるでしょう。

所有地の面積を合算して一定の面積を超える場合は、固定資産税を1・5倍掛けますよという特別土地保有税というものがありましたが、その土地の上に何らかの事業の形跡があれば逃れられた時もあります。

いずれにしても条件が出ますのでその範囲で判断していただくのは問題ないでしょう。

よく、法人として不動産を売却した場合、総合課税によって相当な緩和策を受けているにもかかわらず、さらに税金を減らしたいと思って不要なものまで購入するような方法で税金を減らそうという人がいますが、これは追徴課税を受けることが多いので無駄なことはしないようにしましょう。

脱税とは本来、納めるべき税金を様々な手段講じて納めず、自分が思うままに使い、国家をだます行為ですから大罪です。脱税は絶対にしてはいけません。

不動産管理業なら、最低でも三年は黒字を続ける、これは特に法人としての今後の在り方を示すものです（赤字でも債務超過でなければ問題ありません）。

不動産投資業であれば私を含めて、運営上資金を借り入れて法人支払いに備えるというようなことはほとんど発生しないのですが、間違って別の分野に手を出して万が一失敗することがあれば、そのような資金を必要とすることになります。

通常ですと利益の方が大きいので購入時の金額に対する手数料と売却までの利子の支払いで税引き前利益の大半が残ります。

一般的な事業体ですとどうしても利益が小さいことに加えて、支払金額が大きくなる傾向にあり、収入が現金化できるまでの繋ぎに運転資金が必要になるということです。

ここで資金が間に合わないと、赤字に転落するということですが、あくまでも決算期に間に合えば赤字にはなりません。赤字は倒産する可能性を示すわけではありませんが、何期も続けば金融機関の信用度は下がりますし、運転資金を申し込む際にも相手されないかもしれません。いわゆる債務超過です。

必ず、黒字になるような経営を目指してください。

銀行から融資の申し出をしてくれるまで借金はしない。銀行はメインの銀行が一行あれば十分です。むしろ応援をしてもらうには的を絞って相対で付き合いましょう。

私も多くの銀行担当者と面識がありますが、支店長との付き合いからあまり大手の銀行にはしないようにしています。

バブルの時代は都市銀行の支店長を相手にしていましたが、今は自分の展開範囲を考えて地場の融通の利く金融機関にお世話になっています。

融資は自分の力を最初に示して、じっくりと話を聞いてもらうことから始めます。一度でも失敗すれば、日本の場合は最後まで傷となります。

自力でどれだけの資金を自社の口座に積み上げることができるかということで信用度は大いに違ってくるのです。

私の場合は自己資金ゼロで土地だけの案件を動かして5千万円、収益物件を他人に譲り、コンサルタント契約をして2千万円、通常の仲介で3億円のビルを動かして2千万円という資金をもとに次の購入資金を融資してもらいました。

融資する側を安心させることが将来につながります。思いは通じるものです。

ここまでくれば当然ですが融資する方も絶対にとりっぱぐれがないことが分かっていますし、どれだけの能力を持った経営者かということも理解していますから、十行の銀行が決算書を見れば、すべての銀行ともこちらの言い分を聞いてくれる状態が出来上がっています。

実績からいうと5億円までは引受先の購入申込書で用意してくれるのに二年くらいで到達すべきでしょう。最終的には自己資本担保で短期借入20億円までは、決して不可能ではないと思います。

融資機関を十分安心させる融資の受け方こそが今後の展開を有利にします。最初から嘘八百並べて融資を受ける気などありませんから、公明正大に相対すべきです。隠し事などあっては信用されません。

個人的な借金額も社長勘定の中身も説明しておきます。何よりも大切なことは十分な納税の態度です。

納税を節約しようと画策する人をよく見かけますがこれは売上高を低くしてしまうことに加えて税金を払った後の純粋な利益額をスポイルする処方に他なりません。

例えば、一個人企業が年間5千万円の納税をしているとなれば税引き前の利益、売上高は、ほぼその額の倍以上はあるということになります。

無駄な節税は国税庁の目に留まることが多いのです。重箱の隅をつつかれ、ひっくり返されて、ついには追加徴収される羽目になるのが落ちですし、そういう法人には融資する銀行はありません。

なぜなら、銀行は日本政府そのものですから、反日工作をする法人は日本政府の敵ということになり当然、融資など受けられるわけがありません。

【恩師の教え】

『岡村、生きていくには誰でも平等に衣食住に金がかかる。お金を貯めようとすれば身を削るか、宝くじにでも当らないと一般的には余剰は出てこない。給与だけで収入を考えるとカツカツだ。別の収入があればそれは貯蓄に回すことができる。つまり、どんなに節約しても収入が一つなら、それ以上の暮らしは実現できない』と中学校時代の恩師に説いていただいたことが今でも頭に残っています。

では、二つならどうかと考えます。一般的に夫婦共働きの家庭なら収入は二倍ですが、奥さんに働いてもらうには子供に犠牲を強いることになりますので、ある程度、成長するまで時期を待つ必要があります。給与所得以外で、もう一つ考えることが必要です。

『俺はアパートを建てて家賃収入がその答えだと思ったので、今は二棟のアパートを購入して二刀流だ。岡村、節約した生活はもう飽きたよ。俺たちは戦争の間中、芋を食べて生き抜いたが、これからは我慢しないで生きていきたい。いろいろ考えたが普通の生活で必要な金というものは節約の対象ではない。ということはそれをコップに例えれば、現在生活に必要な金がコップ一杯の水の量だな。あふれた部分だけが貯蓄に回せたり遊興費に回せたりする金ということになる。生活は守らなければならない。俺たち教職に就いたものは公務員で一生喰いっぱぐれがないことだけを目的に教師をしている。他にも自衛隊や警察官、市役所なんかもあるが、どれをとってもあふれるものとは程遠い。というのは税金で安定した暮らしを保証される代わりに楽はできないということさ。話を戻せば、毎日の生活は公務員で給与をもらって飯を食う。アパート経営は余剰金を生んでくれるのでこれで旅行したり、おいしい飯を食べたりするし、将来のことを考えて貯蓄もすることができる』これも、恩師の教えです。

中学生の私にも納得のいく話でしたが、実は、その話を思い出したのは最近であるから、恩師の生き方に共鳴して生きてきたわけではなかったようです。

【先輩の教え】

不動産というものはそういう理論的にも説明がつくということです。もうひとつ先輩の言葉が印象に残っています。

不動産業に従事した当初の代表者は満州からの引揚者でもともと有名な証券会社に勤めていた人物でした。先輩は満州引揚者の息子だったわけです。

その頃、先輩は四十歳になるかならないかであったのですが、年商１００億円という普通では達成できそうにない数字を叩きだしていました。従業員も百名近くいましたが実際は先輩が一人で稼いでいたも同然の業態であったと記憶しています。

彼も、起業して数年間は事務所で朝から夕方まで、穴が開くほど新聞を読むだけの日々が続いたことがあったそうです。

転機は突然の不幸から始まりました。といっても彼の不幸ではなく、証券会社時代の顧客の親御さんが亡くなり、数十億円の遺産が転がり込んだという、ウソのような話です。

その顧客は、先輩を信頼しており、福岡の地で投資することを考えて、先輩の才能に賭けてきたのです。

当時、福岡には毎月、３００万円を遊びに使える金持ちが五百人くらいいると口癖のように先輩から聞かされていましたが実感はありませんでした。

私の周りで、金持ちでベンツを乗り回し、社員百名規模の企業を経営する人物は先輩くらいしか知らなかったので当然です。

当時、社有車の幹部用には自動車電話が供えられていました。今ではどこでもだれでも携帯電話やスマートフォンを使いこなしていますが、当時は誰も自動車電話など無線機程度にしか思っていませんでした。

その後、携帯電話は肩掛け型になり、バブルの頃には片手でなんとか持ち上げられるほどに進化していました。不動産業者の必須アイテムであったのです。しかし、一般には普及していませんでしたので、この業界ではなかなか味わえない面白い経験をさせてもらいました。

私が、最初に1億円を直接手にしたのは、100億円の売り上げがあった先輩の会社に勤め始めた初日、お使いを頼まれた時でした。

他には誰も暇な人がいなかったのか、私を試したのか分かりませんが、なんと現金で1億円を持たされて、おそらく街金だろうと思うのですが博多駅近くの事務所に事務員さんとともに届けに行ったことがあります。

その時は、重いという感覚もなかったし、人の金だし嬉しくもなかったことを覚えています。

黒の立方体のバッグに8千万円しか入らなかったので、残りの2千万円は紙袋に詰めて持って行きました。

昔の1万円札は聖徳太子が印刷されていて、判も大きかったので嵩張ったのです。この時なぜ、現金を運ばされたのか？　今となれば口座経由では都合が悪かったのだろうと思えますが、遠い昔話です。

今では取引に数億円は普通なのですが、手持ちで運べる現金は、せいぜい3千万円です。それ以上はさすがに失くすはずはないのですが、万一を考えて銀行から自社の口座に振り込むことにしています。

つい最近も2億円を現金で持たされたある若手の社長がやっぱり2億円の現金は重いと言っていました。久しぶりに日本経済はある部分では現金が飛び交っているようです。

しかし、やることは今も昔も同じであるので中学生の頃に恩師の先生から言われたことを今でも実行しています。

その頃、私は地方公務員をしていて二十代後半に差し掛かり、なんとなく世の中が繁栄の方向にかじを切り始めたことを感じていました。そこで不動産という曖昧模糊な業界に足を踏み入れたのでした。理由は単純です。

《大きなお金が動くところにしか大きな利益はない》ということです。

持論として今でも思うのが人口比とその増加傾向のデータをもとに物事を考える癖を持たせてもらったことは大変ありがたいこととなったのです。

京都で過ごした学生時代、アルバイト先の社長が「京都で商売するなら、大文字の山に登って、人の流れを観察するといいよ」と教えてくれました。

その時のことはその社長を思い出すたびに懐かしく思います。ヘリでの上空からの空き地探しは面白い体験ですが「google earth」で世界中を上空から見ることができる今でも人の動きは見ることができないので使えるかもしれませんね。

今では判断する際の材料として使うのは、世界中の平均株価と貿易額の上下データ、紛争の起きそうな動きのある地域情報と個人的にはポルトガルとサウジアラビア、テキサスのダラスという情報網を検討して判断するように変わりました。

先輩諸氏はのちに団塊の世代と呼ばれて戦後のベビーブーマーとして日本の経済に大きな影響を与えるだけのボリュームを持っていました。

我々後輩世代は彼らが歩む道を注意しながら観察し、反面教師にして、これはダメだなとか、これは真似しようとか思ったものでした。

文化的には昭和初期からの西欧化にさらに輪をかけて、アメリカ文化が日本を席巻していく時代であったのも世代的にいい影響を与えたのでしょう。

若者はほとんどが運転免許を持ち、ローンを組んで自分だけの自動車を乗り回す時代であったので、繁栄しないわけがないのです。

当時は、まだクレジットカード時代ではありませんでしたが、信販会社の割賦制度は整備されて浸透しつつありました。

説明を受けるときに一度支払わないと次回から割賦制度は利用できないという今では誰もが理解していることを根気よく説明してくれた時代でありました。

その、たった十年前なら住宅購入には現金か、勤め先からの借金で住まいを購入するのが当たり前で、大半は借家住まいでしたが、それに何の違和感をもたなかったのです。

私の父も勤め先から借金して家を建てましたが、単に住宅としての意味合いしかもっていなかったのです。勤め先が金を貸してくれるほど資本がなければ、残念ながら借家住まいが続くのです。

私が育った大牟田市は知る人ぞ知る三池炭鉱という明治以降、日本をささえたエネルギー供給地であり、そのグループは今の日本の基盤を形成するために明治時代から筑豊とともに日本の工業都市を背景として栄えました。

大牟田市は三井財閥の城下町であり、三井物産の支店がありました。

採炭担当の現場で働く人の給与はおそらくは今でいえば毎月は１００万円くらいになったはずです。その金が市中を巡り、博多まで飲みに行く人たちが大勢いました。当時の繁栄を偲ばせるエピソードです。

友人の父は、その連れを伴って中洲まで大牟田からタクシーで二時間以上かけて飲みに行き、アワビの芽だけを調理した料理（想像もつかないが）、を酒の肴にして飲んだと自慢していました。ちょうどバブル期の不動産業者のようなものであったのでしょう。

父は化学工業に勤務しており羽振りが良い方ではなかったので、それほどの豪快な話はありませんでした。母は小学校の保健婦をしていた関係で家庭内の収入については困るほどではなかったように記憶しています。

今では何の痕跡もありませんが、往時の三井鉱山は電車の線路が走り、歩いて行ける圏内に芝居小屋はあったし、映画館も数館あり、洋画と邦画を上映していたので、毎土曜日に父の勤務が終わった後、家族で見に行っていたものです。

特に「半魚人の逆襲（1955）」という映画に登場した半魚人の姿は、子供の私を毎夜悩ませたものです。

周りが周りだけに町に遊びに行くとおいしいものに巡り合うことも多く、母との外出の時は、ソフトクリームとちゃんぽんが定番でした。

そんな時代が過ぎて住宅ローンが使えるようになると爆発的に日本の住宅会社は利益を拡大していきました。

時代背景も団塊の世代が浪費を繰り返すために日本経済は世界でも一目置かれる地位まで上り詰めることとなりました。

この当時、不動産業界では農地を住宅地に開発する必要があり、日本全国で続々と住宅団地が建設されました。

特に鉄道会社は奥地への開発を進めて線路を作り、住宅開発をして顧客を独占する方法を思いついたのです。関東方面での土地開発はほとんどその頃の鉄道会社が始めたものです。

さらに、現在の財閥系以外のデベロッパーはすべてこの頃に大きく成長したと思います。

【先輩の作戦】

法人の代表でもあった私の先輩は土地の値上がりは確実という昭和五十六年当時の考えでしたから、あくまで参考程度に。先輩（代表）は郊外の極端に安い、坪1万円程度の土地を2千坪程度購入します。

先輩は財閥系の考え方を学んでいたので土地値が十分熟するまでの所有期間に利払いがマイナスになるのが嫌でそこで商売を考えました。投資目的で土地を購入する場合はそれが逆に負担になっては、何の意味もありません。売れるまでの期間をなんとかトントンまでは持っていきたいという目論見は当たり前のこと。

効率的な改修方法と土地を売るのではなく、建物と事業をそっくりそのまま売却するという作戦に変更しました。

アパート経営というのがいかに効率の悪いものであるかはやった人ならよくわかります。

空室対策も必要だし、リフォーム費用も準備していかなければならないし、投資になってないと結論的に思う人は多いわけです。

先輩が思いついたものは時代に見合うジャストインタイムの施設づくりでした。満州引揚者（先輩は満州引揚者の息子でした）の無念さは、その財産のすべてを現地においてきたということに喪失感と執着性の喪失を植え付けました。

不動産は所有するものでなく売却用の商品という考えは一般の人の住宅は一生の中で最大の買い物という価値観を正反対から見るもの。

不動産に対する執着性のなさを、先輩から植え付けられた私は五十歳になるまで借家に暮らしました。

新築の分譲マンションに入居して所有者が支払うべき80パーセントのローンを代わりに払ってやったことに気づいたときは、果たして賃貸住宅に住むことに意味があるのかと反省したものです。

自己所有であれば少なくとも二十年支払えば、ほぼ自分のものとなっており、売却すれば売却益が出ます。購入金以上に売却する必要はありません。

不動産は所有期間が短ければ短いほど効率性を増します。そのためには付加価値を付ける必要があります。

前述のとおり、先輩は只者ではない満州引揚者の息子です。彼が2千坪もの土地に価値を与えました。２千坪を購入しやすいように四分割しました。２千坪を購入するというのは個人にとって不要であり、持て余すはずです。

しかし、５００坪なら個人でも事業を与えてやれば必要十分な面積です。坪１万円の土地を高く売るためには、これに儲かる建物を乗せる必要があります。

アパート経営？　いえいえ、その程度なら誰でも不安材料が増えて、購入したいという気にならないでしょう。

先輩は天才と称してもいいような人物であったので、ここに許可条件の付いた物件を建てることにしたのです。周辺の反対運動を避けるための根回し。この辺りから私は周辺の工作を一人でやることになりました。周辺には数軒の農家があり、そのほとんどの農家については土地を購入した時からの知り合いでした。

今でこそ近隣対策という言葉がありますが、当時いろいろな営業方法を伝授してくれたのも先輩でありました。

私は、土産攻撃に一日の大半を費やすことになっていました。周辺の知り合い以外に範囲を広げて、およそ三十軒の農家をターゲットに車に菓子箱を積んでバンバン回ったものでした。

三十軒の農家の中から相談役を選ぶ、その地域で最も意見の通る人物の特定と反対勢力の確認も重要です。

私の作戦は逐一、先輩（代表）に報告されて、成果を得ていました。農家の中であてにできる相談役から土地の購入も予定していることで、こちら側に味方してくれるという状況を作っていきました。

土地の購入は資金の続く限り、周辺から一挙にしてしまうのです。

最終的な完成後の〝絵（イメージ）〟が頭の中に出来上がっているのなら、購入できる限り購入しました。

その結果、およそ周辺の土地を2万坪くらいまで購入予約を取れるところまで来ました。

ここまで購入予約が進むと反対する農家はほとんどなくなります。何をしてもほとんど自分の利益を優先で考えますから敵はいないわけです。

地元を無視し、購入予約もせずに事業を優先すると大抵失敗してしまいます。

先輩（代表）の頭の中で組みあがっていたイメージは、今でいうところのラブホテルの営業でした。

若者の自動車所有率は増加し、車がなければガールフレンドとのデートすらできない時代でした。

そして、月間で５００万円、年間６千万円の税引き前利益を生む建物が出来上がったわけです。

今でいえば利回り10パーセントで６億円の物件でした。

先輩（代表）の偉いところは、資金の続く限り、建物を先行して建て続けるという作戦であったと思います。

あっという間に周辺には十軒に及ぶラブホテルが林立することとなりました。

建てれば建てるほど若者たちが、自動車で押し掛けるという話題性も手伝って、他の業者も土地を確保しながら、進出し始めてきました。

その頃、我々は年間十六棟のラブホテルを経営するまでになっていましたが、そのうち半数が一年以内に開業するという荒業でした。

二週間に一軒の割合で新築開業していたため、私は心身ともに疲労困憊し、家に帰っても子供たちと過ごす時間さえ無くなっていたのでした。

サービス業の中でもホテルの運営は年中無休が当たり前。この当時、オープンしたホテルには営業マンとして雇用された社員がフロント業務も見よう見まねでこなしたものです。

二十四時間交代制。役職者は時間の感覚などなく、Aホテルから B ホテルへ次々に移動し、求人募集をして従業員教育をして、次の新規ホテルの開業地へ行くというとんでもない、今でいうブラック企業のような会社にいたわけです。

その頃、同じように日本国中をターゲットにして展開していた有名なちゃんぽんチェーン店がありました。そこのコックさんも同じような待遇で新規店が開店するたび、無休で働き、軌道に乗ると、次の新規店へわたっていくという作業をしていました。そういう時代であったのです。

ホテルの仕様は理想的には三十室で経営するのが従業員の効率性からベストであったのですが、売却用のホテルでありましたので十五室としました。

それでも昼夜満室状態で、税引きで５００万円の売り上げを確保している状態でした。売りに出すときには、新聞紙上での反響がほとんど。売却価格は従業員つきで1億円でした。格安でしたが、この価格でないと残念ながら新規参入の購入者はいなかったのです。

一度購入すれば、また購入したくなるのはなぜか？　それは如何にその利益率が高かったかで、業者なら計算すれば分かるはずなのです。

建物は十五室で一部屋あたりの建築コストは鉄骨造りであったので５００万円を切る程度でした。

売却時の利益は土地を安く買い上げたことで、まるまる利益となったわけです。一棟当たり５千万円の利益でした。

売れるまではホテルとして営業しつつ、売れたら驚異の利益で購入した人はさらに顔がほころぶ、というわけです。

商売は自分だけが利益を得るのではなく相手にも利益を残すという信念を貫きました。そのホテルは、現在でも営業しているので三十年以上稼いでいるということになります。

さらに、場所によってはパチンコ店舗を経営しました。パチンコ店舗については様々な問題があり、三店舗しか許可を得ることができなかったのですが、これも無指定区域のような土地（坪５千円程度）に営業許可を取って、建物を建てて同業者に売却するという方法をとりました。

ここまで述べたことに共通する条件は、二束三文の土地を相場から、いかに高く売却するかの手段を提示しています。

アパート経営では得られない楽しさとぼろ儲けのからくりはこういう方法、やり方ひとつで企業の経営は莫大な利益を生み出す源泉となります。

人生の過ごし方というのは、その人の価値判断がどこにあるかを的確に見せてくれます。大切なのは、経営者個人の能力というより、未来をみすえた方向性。十年後、二十年後の予測ができないとうまく経営できないのです。

現在は葬儀場専門に土地を開発し、建設し、同業者に売却しています。これが利益の産み方だと考えています。

人がしていることをまねる方法は二番煎じといって余り旨みがないのは常識。何事も、人の真似では大きな飛躍を産むことはありません。他者の一歩先を行くには、やはりアイデアがすべてなのです。

何をヒントにこの方法にたどり着くのかは簡単。その当時は常にアメリカの後追いをしていたように思えます。アメリカでブームになったものは必ず日本でもブームになる時代がありました。

いかにしてヒントから学ぶか。

どんな方法も成功例があります。

成功例の研究は当然のことです。それにさらに磨きをかけて改良することで経営として成り立つわけです。しかし、長くは持たないので常に発想の起点を変えることが大切です。

例えば、ぶらぶら社員の存在。「ぶらぶら社員」とは、某企業が一九七九年に新商品のアイデアを生み出すために採用した仕組みです。彼らは、一定期間、世界を〝ぶらぶら〟見て歩き、商売のネタを探し新商品のアイデアを考えることに専念するのです。

日本が経済の最先端を極めた陰には、彼らの存在が大きかったかもしれませんね。戦国時代の忍びに似て、外国の伝統文化を参考に取りいれていくという方法を日本はとってきたわけです。

世の中には様々な企画へのヒントになるものが転がっています。人まねだけでは此処まで日本経済は大きくはなれなかったことでしょう。

作り出すことはクリエーターの仕事です。ついに誰も発想しなかったことへの挑戦を開始しました。やはり、商売のヒントは誰かのまねをすることから次第にそれをステップにして高みへと登ることが出来れば、さらに良い商品ができることに日本人は気づきました。

誰もが作り出せなかったものなどあるわけがないのです。存在するオリジナルを発展させることに意義があります。

発明は必要の母と言います。不動産投資は安全かつ有利な利潤を保証するために作られたと言えるのではないでしょうか。

街のあちこちに在る駐車場。当然ですが、駐車場は駐車の必要性があるところに発生します。停めにくいところには需要がないわけですから。不動産も同じで人が住めないところは価格が安いのです。

同じ額なら不動産業の方が早く作れます。資金調達のスピードでいえば不動産融資は相場が決まっているので専門店なら即行で融資してくれます。他の業種で大きなお金を作ることは困難なのではないでしょうか。

地名に込められた意味を読み解く

不動産に関わっていると、地名の重要性に気づきます。

土地の履歴は、地名で分かることが多々あります。基本的に海のそばと川のそばは絶対に家を建てる場所ではありません。

風光明媚だと思って建てたら崖が崩れてきました。または川のせせらぎが心地よいと思って家を新築したら、増水して土手が決壊したために家が流されました。道路端の広い土地を購入して店舗を建てたら地盤が沈下して、店が傾いて大変なことになりました等々。

池や沼などが付いた地名は、過去にその土地に湿地帯だったことがあるわけで、十分に事前調査しないと悲惨な結果になります。いずれにしても水に関係が深いので過去の古地図で目的の場所が水の中でなかったかを注意しましょう。

また、谷という地名もその名のとおり、谷にあるので大雨の時には当然、雨の通り道になることを覚悟すべきです。地名が示すとおり、谷には水が集まってきます。だから谷というのです。谷に住むことはお勧めできません。

【がけ条例】

近年制定された条例です。がけの上や下に家を建てると危険であり、十分な補強をしてもいずれそこは強度を失って崩壊する可能性があることを覚悟して購入しましょう。

がけ条例のないころ、わが師匠の主な仕事はがけの上や川の淵に所有権のない土地が存在していることを発見し、裁判所に申し立てて自分の土地にしてしまうという荒業を生業としていた時代がありました。

年商100億円の男も最初は苦労するのです。資産家が一代で財を成した場合はある程度、合法なのかどうかの境目で商売をしてきた人が多いようです。

【驚きの地番】

池の淵や海の中に地番があることを発見すると嬉しいものです。

私もこんなところに所有者がいるのかと、びっくりしたことがありますが、所有者の子孫さえ知らないことが多々あり、海の中や池の中、川の中、がけの下なので所有者がいたとしても交渉は容易いのです。

利用の困難な土地ですので、二束三文です。無料に近い土地値のもので人がたくさん住んでいるところを見つけるのは不動産業の醍醐味でもあるのです。

建築基準法の矛盾

建築基準法には道路の幅員についての条件が記載されています。道路は4メートルが基準です。4メートルない場合、建物を建てる際、相談しなければなりません。通称、二項道路と言います（建築基準法・第四十二条二項）。

間口、道路との接触幅が2メートルないと、どんなに場所がよくても厳しいと言わざるを得ません。

しかし、どんな困難にも立ち向かうことも不動産投資では必要です。特に建築基準法に満たない建物の立たない土地、現在建物があればラッキーです。

建築基準法では完全な建てかえは許可しないのですが、例えば増改築・改装ということになれば法律には触れないので自由に増改築しても良いのです。

但し、増築は一回につき制限されているので法律制限内で数回に分ければ問題ないようです。すべてを建てかえることは不可能ということになっています。

では、以前の建物の柱を利用して改築することは問題ないでしょう。建たない土地に新築みたいな建物が出現するということです。あくまでも新築ではありません。改築物件です。

例えば、商業地域内の幅1メートルの人道しかない土地に新築する場合も、前述と同じ理屈です。既存建物があれば同じ規模で新築のように改築しましょう。

一番良いのは建たないと思っている売主がいれば、商業地域内ですから隣地に売却する手はあります。隣地は立派な道路に面しているとすれば一挙に有効性を持った土地に変身します。

不可能を可能にする方法はものの考え方です。

川の淵や崖下でも山売りをやれば、魅力的な土地になります。

安くしてもらってアパートを建てれば広さと同じように家賃は設定できます。

川の中に所有権があれば、誰もこんなところに建物が建てられるわけがないと思って安価で売却してくれます。川の中にアパートを建てれば話題を呼び、すぐに満室で安く仕入れたので利回りは最高です。

これで転売するときには利回り優先ですからすぐに売れるのです。もちろん、川の中といっても地目（土地の用途分類）が川ではないという条件ですが……。

不動産投資にとって人がこれは無理という物件ほど頭を使って売値を倍増させていく……まさに10メートル下に道があれば誰もこの土地は使い物にならないと思いますが見方を変えましょう。

どこがいけないかを考えればただ土地が傾斜面にあるだけ。

建物を建てる場合、がけ条例では強固な岩盤を形成すれば普通の土地として建物を建てる許可が出ます。

つまり、工事して壊れないという証明書があればそこは通常の土地扱いになるわけです。

よって、いくらでも建物が建つのであれば相場の四分の一などというとんでもない価格で手に入れることが可能になります。

建物は普通の住宅ですから傾いているわけでもないので当然問題なく住めます。価格は一般的な価格で取引することになるのは言うまでもありません。

矮小地の利用方法には地下もあれば地上もあります。

5坪の土地、高さ制限がかかっていてしかも道路から高い位置にあるので斜線制限を受けてほとんど建物が建ちません。

だから格安の土地値になっていますが売れません。

所有者は困っています。どうすれば良いでしょう？　容積率は普通に使えるので土地を掘って地下を作りましょう。

道路側は普通の建物のようになっていますが、斜線制限がかからない地下は容積いっぱいに展開します。

問題のない土地になりました。使いようがない土地などなく、要は頭の使いようなのです。世の中に不可能はないと思います。

前述の例は、条件をクリアすることで道は開けるという典型ですが、法律は人間が作ったものである以上、いくらでも抜け穴はあるということです。

世の中にネタの尽きることはない

私は若い時から音楽について同じような曲はあっても同じ曲がないことにいつまでそれが可能なのか不思議でした。

まだまだ新曲は生まれて、こんな曲がよく作れたと感心します。まさに限界はありません。

人間が滅亡するまで作っても同じ曲はできないでしょう。

不動産も同じような風景や同じような立地に巡り合いますが、決して同じ場所で同じ不動産はあり得ません。

人口が減ると騒いでいますが、Xデーがいつの話か考えましょう。世界規模でとらえるのなら、毎日毎日人口増加は続いています。日本だけがこのスピードに乗りません。人がいる限り、住宅は必要なのです。過去の流行はファッションだけではありません。不動産の投資方向にもそれは見ることができるので、今は商業地が盛んに取引されていて、住宅地は不調です。しかし、やはり基本は住宅地なのです。

建物を建てる場合は土地を見に行って、隣地にどれほどの高さの建物が建っているか見ればよいのです。凡そ、規制はそのブロックごとに同じはずなので、現在の周辺の高さは確保できます。

容積は前面道路の幅で制限されます。

前述のうち、さらに規制されるのは用途地域の中で住居系と商業系になります。前面道路の幅に4を掛けた数値が容積率になるのが住居系で6を掛けていいのが商業系。

不動産投資で素早い判断をする必要があるのはなぜか？　敵が多いから、ということに尽きます。土地を見に行き、判断する材料を持っていれば、情報量が多い方が正確な結論が出せます。

商業系の用途地域内では凡そ、前面道路の幅員が7メートルあって、初めて400パーセントの許容容積に達します。計算は7メートル×6であるから420パーセントを示します。まるまる建つのは400パーセント可能です。

しかし、いくら商業地域といっても残念なことに進入路のない土地は何ら利用ができないので建物を建てることはできないのです。

どこかの道路に接している一角を購入すれば問題は解決するし、平均すればとても安い土地を手にすることにもなります。残念なことにそうまくはいかないものです。しかし、トライすべきは不動産投資の本来の姿であるのです。

様々な角度から解決策を探る

私の師匠は「物はやりよう、仕事は仕様」という言葉を残しました。すべてのものには解決策があるのです。

よく仕事に絶望して命を懸ける人がいますが、病気でない限りは方法を変えれば解決できると思うのです。

第一に命を懸けてそれを保証する必要などこの世にはない。

あなたがその立場に立った時に日本経済の成り立ちを大きな視点で見ることです。日本銀行から借りたお金で銀行は商売をしています。その額はあなたが負債として負担に思っているお金の数万倍を銀行は一度に借りています。

そのお金は最終的に金利を付けて銀行に返ってくるわけですが、一部は返らないことがあります。それは織り込み済みであり、そのうち返済できれば構造的には問題とはならないわけです。

あなたが今、返しきれない負債を持っていて、それを取り上げるよう命令しているのは政府であり財務省の役人です。役人にとって回収命令は自分の将来の保全措置ということであれば、そんな保全措置のために命を投げ出しても価値はないと思います。

日本国としてはあなたに生きていてもらい、税金でボチボチ回収もありだし、そのうち大きく税金を払うことも、それを利益に転換もできるのです。目先の自分の責任だけで世の中は回っているわけではないのです。

商売上の負債について、あなたは自分個人の問題と考えているでしょうが、それは違います。

考えてみてください。取引においてある物件をA銀行から融資を受けて購入するとします。

そこで支払う売価をシンプルにA銀行に口座を持つ「乙」が売主であれば、現金の移動はおろかA銀行の銀行内資金は1円も変化しません。

我々の取引は、ほとんどこういう地域間銀行の口座を行ったり来たりしており、あなたが儲けても損しても銀行の経営に影響はないのです。外国への送金がない以上、これが現実です。

あなたの資金は日本の国内を廻っているだけです。

あなたが儲かったと思っている資金は、例えばスーパーに行って惣菜を購入して支払っても今度はスーパーのレジから本社の経理経由で銀行へと送金されます。そのお金の一部は銀行から、あなたが購入する土地の代金として相手の口座に入金されます。これの繰り返しであり、日本国の財布の中を行ったり来たりするだけで何も変化がないも同然であるわけです。

1千兆円ほど外国に支払うとしても日本は倒産することはありません。

よく話題に上りますが、不動産投資においてよもや日本が破産することはありませんが、破産すれば不動産価格が相当のダメージを受けるのは間違いないのです。

前述のとおり、日本の中で行ったり来たりするということは何にも動いていないということです。1千兆円を債権として持っているのは日本人なら債務も日本国です。誰に支払うというのでしょうか。「日本の負債が1千兆円を超えた」と無駄な騒ぎで不安をあおっているのもまた日本の官僚なのです。

突然の国税局の訪問

十年ほど前に、私の身に起きたエピソードを記します。

大分県のとある駅隣地の取引にかかわったのですが、売却人が脱税してしまったらしいのです。国税局が突然、裏取りのために、私の自宅へ訪れました。

国税局も警察も自宅に押し掛けるのは朝の早い時刻です。誰もまだ動かない間に一斉に拠点を押さえるのです。多い時では数百人が関係各所へ押しかけます。

朝の七時頃には待機していて、うずうずしているようです。

指揮を執る人間が踏込命令を出せば玄関のベルが押され、開けないとか不在の時でもお構いなしにドアを破壊して内部に侵入できるのです。

国税局は逮捕権を持つためです。業務の執行を妨害すると逮捕されてしまいます。

突然訪問されたとき、驚いて証拠隠滅に走ればそこでアウト。

私の場合は、裏取りであったので事実を供述して証拠品まで抑えられて、証拠品といっても当時の領収書の押印した印鑑、取引書類の一切、銀行口座の通帳、家族分も含めて数十冊などなど。あとはパソコンのデータもすべて押収されます。

警察官、国税局などは事前に数カ月に及び対象者の周辺調査から人物の一日の行動と誰に接触したか、いつどこで誰とどんな話をしたか、過去半年くらいは毎日張り込みが行われて逃亡されないように逃亡可能否範囲まではおさえるのが通常の段取りだそうです。

訪問直後には対象者に対して取引の時の状況を秒刻みで次々と質問、すべて記録されます。数百名が関係各所に同じ時間に同じ案件で動くということはそれだけ大きな事案ということなのです。

裏取りだけで、ここまで一言一句記録されると事前張り込みがいつ開始されたのか気になるところではあります。担当者は対象者がまるで犯人かのようにトイレまで附いてきます。

ほぼ自宅だけで半日、今度は勤務先に向かい勤務先で同様に証拠集めをされます。

事務所までの移動は当然国税局の車です。自己所有の車は何台でどこに駐車しているかまで調べてあるのです。

調査は対面でおおよそ調査済の部分を裏付ける目的で行われるので向こうが調べてい

ることと相違すれば再度再考を促されます。事実と異なることを言う必要もないのですが、記憶ははるか三年ほど前のことであったので部分的には間違うこともあり、もう一度考えるように促されて記憶の彼方を掻き回す。

こうして差し押さえられた証拠は、再び国税局の事務所に戻って証拠品ごとに調査されるのでしょう。証拠品が銀行通帳を含め、戻ってきたのはなんと三年後でした。

国税局の脱税案件では昭和の終わりころ3千万円ラインで逮捕するかしないかに分かれていたそうです。私の会社にもそんな担当者からのお達しがあったので脱税については全く興味がなかったのです。同業者の中には何とか脱税して稼いだ金を保持したいという人もいました。

日本人が日本に納めるお金はいずれ自分に返ってくることが理解できれば脱税の意味がないことがわかりますが、外国人にとってこれは立派な利益かもしれません。

何より我々日本人が利用できる日本銀行経由の資金はあまり利用してないように思えました。

脱税は不動産取引においては不可能です。

取引の段階で最初の金額が低ければ、税務署は調査を開始します。相場であれば問題ないでしょう。

私は、不心得者とは取引しないという日頃からの信条を持っています。今でこそ、反社会勢力との取引ができないことになりましたが、彼らが跋扈しているときは彼ら流の形態がまかり通っていたのです。

不動産投資では本人確認は本人の証明をもって行う。当たり前のようなことですが、免許書の名前と本人の名前が違う連中があと数年いるかもしれない。

資金は日本国から借りているということを自覚すること。総額が同じで国内の銀行を行ったり来たりしているだけなので一時的に自社の口座にあるという程度の感覚が正解である。人より多くのお金をもっていると思っているのは錯覚である。自分の口座に今あるだけです。

お金は日本国の領土に日本銀行から借りた資金です。購入時のお金の流れを見れば一目瞭然、銀行内口座を移動しているだけなのです。

不正は自己利益から一番遠い行為です。税金を払わないことを自慢する人を時々見かけます。もしくは「領収書の要らない資金があり、これを使うので安くして欲しい」といまだに申し出る輩がいますが銀行に預けられない、支払いに使えないお金をもらっても銀行の信用を落とすだけです。あなたは、絶対に関わってはいけません。

商売は人が儲かって初めて自分が儲かることこそ最良。

自分だけで商売が成立したと考えるのはまったくの勘違いです。売主がいて購入させていただく。買主がいて初めてその物に価値が付加されます。それを取り持つ人はもっとも尊敬すべき仲介業者です。

建築物なら建設業者が暑さ寒さの中で作ってくれたものであります。開発団地なら工事業者がせっせとブルドーザーを使って造成したものです。売り手と買い手だけで商売は成り立つものではないのです。利益を独り占めする人には〝次〟がないのです。

人の利益に手を出すな!

不動産手数料を規定から削ろうとする頭の悪い連中がいますが、これは最低の手です。

仲介業者は仲介料でしか利益を出せないので既定の最大値を支払うことが当然なのです。

もし、あなたが物件を購入した時や売却した時に仲介料の支払いをしぶれば二度と物件の持ち込みはないと思ってください。利益の出る取引をみすみす自分でつぶしていることに気づかない愚か者といえます。

目先の利益しか見えないものにとって手数料を支払うことは利益を削っているように思うかもしれないが逆なのです。

多くの手数料がもらえるところにこそ不動産資料は集まってくるのです。

例えば、不動産仲介業者が仲介料のほかに工事業者と結託して工事費から手数料をもらう。これは、一見すると普通の商売と思えるもしれませんが、買い手の側に立てば、より高いものを買わされているわけですし、工事業者は利益の中からその手数料を支払うのです。自分だけがより多くの利益を得たいという考えは日本人の心理にもそぐわないと考えます。以下にも気を配ってほしいと思います。

・利益の配分を高所から考える。
・利益配分は取り掛かる前に予め配分値を決めておくこと。
・最終購入者の分布を考慮しているか。

不動産物件は売却のとき、入居のとき、業者に任せてしまうことがないようにしたい。

相場観がないと思わぬ損をしてしまうものです。

特に長期戦となる収益物権の場合は十年後の人口動態まで確認すべきです。

不動産投資で大きな金額を扱うようになったら、徐々に利益はおさえて社会貢献を目指したい。

あなたが消費する量はたかが知れています。より多くのものを残しても墓には持っていけないのです。子孫に残すとなれば相手が困るほどのものにならないことが必要です。そこまで考えることが出来れば社員の給与と賞与に廻しましょう。必ずいい意味でその効果は出ます。

二十年先を見てもわかりません。十年先ならわかるが政府方針で何とでもなってしまうものです。現状が一番の判断材料です。将来のことなどわかるわけがないので取り敢えず、今どれくらいの価値になるのかを考慮します。

一度の取引で目指すのは一年分の生活費360万円を最低の数字と設定します。事業が負担となるのは取り扱い単位が少ないためでありますから、一度で稼ぐ単位を可能な限り多くすること。

つまり、物件を売るときは1万円でも多くして、購入するときはあと10万円をねばります。10万円はあなたの生活を豊かにしてくれる源泉なのです。

歴史は繰り返します。

景気は二度と戻らないと思うなかれ。必ず回復してくるのが景気です。価格が下がったときに仕入れるのは投資家のもっとも必要な仕事であります。

高値のときにも安い買い物は見つけることが出来ます。高額なものはそこにしか価値がないとき以外は手を出してはいけません。

特別土地保有税にも注意が必要です。これは、市内に一定の規模の土地をなんら使用せずに放置しておくと掛けられる税金です。

現在のところ、国土法の申告と同じで届出だけでよいという程度のレベルに落ち着いていますがいつ何時、復活するかわからないので物件を放置してはなりません。

Ⅲ　選択するのはあなた自身です

不動産投資のポイント

さて、ここまで、語ってきたことをおさらいの意味で簡単にまとめてみましょう。

●基本的には、不動産投資にリスクはないということでありますが、条件を付けたいと思います。それは、極力現金での仕入れにすべきということ。

これによって、例えば、極端な話ですが、あなたが所有している木造アパートが火事になって焼失したとします。しかし、保険金が少なくとも70パーセントは支払われるので、少しだけ足せば、新築の物件に変身させられます。

●古くて空室の多いアパートを満室にするのは、実は簡単なのです。

見栄えのする外壁を貼りつけて内装を今風にすることと、キッチンとお風呂を清潔感のあるものに交換。トイレも今風に交換。これで数カ月以内に満室物件に変身します。家賃も上げられるので数年で取り返せるはずです。内装と外装のリフォームは必須です。

●仕入の価格はシビアに考えること。表面利回りが8パーセントなら、大体各種税金を払っても損することはありません。これが6パーセントを下回ると空室が出るたびにマイナスになる率が高いので注意が必要です。

●最初の購入物件は現金で購入していつでも売却できるようにしておくことが肝要です。しかし、運よく融資者がいて、物件を購入できたとなれば毎月の利払いと返済はついてきます。おそらくは一年以内の転売を急かされることになります。

●物件購入にあたっての問題は、すぐに誰かが購入したいと思う条件をもっているか、否かです。

誰もがすぐに購入したいと思う条件は……

（1）駅が近いこと。

（2）建築後、十年くらいで所有者が投資金をほぼ回収して、売却価格はほとんど利益利回りが表面上10パーセントであること。

この表面上というのは、年間家賃収入総額が売買価格の一割あることを意味します。下回れば回るほど、返済期間が長くなります。

（３）物件価格が３千万円程度、１億円程度、３億円程度までのもの。この売買価格にはそれぞれ融資する側の制限があります。

最初の取り組みなら３千万円の10パーセントの収入を目標とします。

年間３００万円という数字は生活するだけなら十分であるし、ほかに購入物件を探すにも安心感があります。３千万円なら売却するのが簡単なのです。

ちょっとした融資機関がキャンペーンを始めた時にはすぐに融資が出る価格ということで小金持ちに10パーセント利回り物件を探している人は飛びつくでしょう。

（４）最後は満室保障の物件であること。但し、意図的に操作された満室だと詐欺にあうことを覚悟しなければなりません。

なぜなら需要のないところに満室の物件がそうやたらとあることはないからです。作られた満室の可能性はないか検証していただきたい。

満室を保証してくれる法人が資金的に十分なものであってもこればかりは三十

年という長い期間、現在の資本を維持できるわけがないと考えるべきです。見えているのは十年程度なので十年で投資資金を回収できる方法以内で考えるのが良いでしょう。

●建築して十年で回収するのは新築時の基本ですが、その場所の相場で回収に遅れが発生していることもあります。平均して十年目といえば、80パーセント程度の投資金を回収していると想定します。つまり、十年前に3千万円投資して、毎年300万円回収できたとすれば所有者はほぼ80パーセントの2千400万円を、この十年で手にしているはずです。

●相場観に変更のない地域と仮定すれば、利回り10パーセントで売り出せば当然、客がつきます。値引きにも対応できる状況というのはお分かりでしょう? 所有していても利益を生む、売ってもさらに利益が出るというわけです。

手残りが十年後に、まるまる3千万円出ればよい結果とみるべきです。

●所有者にとっては支払いが完了して、これから毎年税込３００万円の収入になる物件であるので手放す人はあまりいないかもしれません。
二十年も持っておけば建物の痛みが生じて多少の再投資費用が発生することは考える条件となります。だが支払いが終わったということはどう転んでも利益ということです。

●例えば、借り入れなしで十年経ったとすれば投資額の二倍の回収をしたことになります。しかし、多くの投資家が行うのは、半額程度の自己資金を入れてこまごまと回収、つまりは融資機関に対して返済利払い、自己資金回収、これを差し引いた残りを自分の利益とする一般的な利殖方法が存在します。
ほとんどがこの方法を選ぶのではないでしょうか。但し、この方法はダラダラして長期にわたるので投資家向きではなく、片手間に家賃で稼いで孫に小遣いをやるような人向きかもしれません。

●公共交通機関が消えてなくなることはまずないですが、都市計画においてそれは明示してあるので仲介業者の調査を利用しましょう。

都市計画は大体資金の潤沢な主要都市以外は再投資可能な都市計画を実施に移すだけの能力はないとみるべきで、絵に描いた餅をうのみにしてはなりません。

最後に、抑えておきたいこと

不動産を語るときに欠落してはならない条件があります。

それは、中心となる都市の周辺構造が第一、その産業の強固性と将来性です。

これについては大変微妙な構造となるので将来に亘る多重産業構造というべきです。

ある企業一社のみで、その都市基盤が成立している場合、例えば、わかり易く言えば最近、大きな話題を提供しているシャープの企業都市だとすると、町の経済はシャープの売上のみに左右されるということです。アメリカならデトロイトを頭に浮かべていただきたいと思います。

徳島県阿南市には、現在栄華を極める「日亜化学」という企業がありますが、ここも典型的な日亜城下町であり、現在は業績も最好調です。しかし、ＬＥＤに取って代わる発光体が出てくれば一瞬のうちに町自体が衰退してしまうかもしれません。

私の生まれ育った町は三井の城下町であったので炭鉱が衰退していくと共に町の活気も失われていきました。地の利が悪く、通過都市であったことも原因のひとつでした。

福岡市は、日本でも景気が良い都市といわれています。周辺の構造と多重に組み込まれた産業に加えて、若年労働者層が分厚いからです。

大学の卒業生がそのまま住み着くほど多岐に亘る産業が周囲を固めています。

都市の人口は周辺企業の多重性なくして保持できないのです。東京という巨大な都市が存在できるのは、とてつもない企業群の多様化がその基盤として成立するからに他ならないわけです。

ひとつの産業に集約されている都市は、その産業自体の栄枯盛衰によって消えてしまうのは当然であり、逆もまた然り。結論は誰にでもわかっていることです。

都市の魅力は、努力無しに形成されることはなく、壮大な計画を実行するための旗振り役の能力が最も必要です。

産業を考えるときには歴史も必要であり、環境も必要です。何故、人が集まるのかは先人の努力の結果なのです。

国を構成する要素もまったく同じで、歴史から見てその都市における開発の流れは先人から受け継がれているのです。

不動産業を支えるのは顧客の増加量と、その若者たちの将来的な収入計画です。魅力のない都市では、どのような方法で入居者を募集しても空室は増えるばかりなのです。

不動産業者が単独でこの構造を変更できるはずはなく、出来上がった、もしくは出来上がりつつある、その構造を持つ都市に起業するのが第一の要点です。

そして、その都市は政府から見ても重要な地点であるのかということも大きく関わってきます。政治基盤のない都市では政治家の力がなく産業構造も脆弱と言えます。多重産業構造を周辺に持つ都市以外に現在から将来にわたり、不動産を必要とする人口は発生しないわけです。

労働条件の悪い都市で若者たちが働くことはない、そうなればアパートも価値がないし、売却も進みません。

戸建て住宅も購入者の生活基盤である給与の支払いを構成する企業等の多重性と将来性がなければ成立しないわけです。

日本経済を左右する産業構造が魅力的でなければ世界は「日本」を振り向いてくれないのです。

岡村 恭資（おかむら・やすのり）

株式会社 OKAMURA 代表取締役。
昭和 26 年生まれ。
京都外国語大学卒。その後、宅地建物主任者資格取得。昭和 58 年 2 月福岡県にて登録。以降、不動産関連事業に従事。現在に至る。
本作品に続く第 2 弾（なりたい人だけがなれるシリーズ）を準備中。

■ご質問・コンサルタント契約希望の方へ■
連絡先：okamurabooks201512@gmail.com

なりたい人だけが資産家になれる
やれば儲かる不動産の取得と売却方法教えます

2016 年 7 月 9 日　第 1 刷発行

著　者　岡村恭資
発行人　大杉　剛
発行所　株式会社 風詠社
〒 553-0001　大阪市福島区海老江 5-2-7
ニュー野田阪神ビル 4 階
TEL 06（6136）8657　http://fueisha.com/
発売元　株式会社 星雲社
〒 112-0012 東京都文京区大塚 3-21-10
TEL 03（3947）1021
装　幀　2 DAY
印刷・製本　シナノ印刷株式会社

ISBN978-4-434-22130-9 C0033